Stichwort

Angst

Andreas Huber

Originalausgabe

WILHELM HEYNE VERLAG
MÜNCHEN

HEYNE SACHBUCH
Nr. 19/4062

REDAKTION:
Christine Proske

FACHLEKTORAT:
Dr. Gerhard Neun

GRAFIKEN:
Design-Studio Fleischer

KONZEPTION UND REALISATION:
Christine Proske
(Ariadne Buchproduktion)

Printed in Germany 1995
Umschlaggestaltung: Kaselow-Design
Herstellung: H+G Lidl, München
Satz: Satz & Repro Grieb, München
Druck und Verarbeitung: Pressedruck, Augsburg

ISBN 3-453-08182-X

Inhalt

I. Angst als Lebensphänomen

Angst hat schon jeder Mensch erlebt – und jedes Angsterlebnis ist auf seine Art dramatisch. Ob man nun vor seinem ersten Rendezvous steht, als Examenskandidat das Prüfungszimmer betritt oder nachts vermeint, ein alarmierend merkwürdiges Geräusch in der menschenleer geglaubten Wohnung zu hören: Angst bedeutet auch Befangenheit, Beklemmung, Entsetzen, Aufruhr, Grauen, Horror, Schrecken oder Panik. Das ist die eine Seite. Die andere: Angst ist ein Schutzmechanismus, ein lebenserhaltendes Gefühl und eine im wahrsten Sinne ursprüngliche Lebenskraft, die uns dazu befähigt, unmittelbar auf Gefahren zu reagieren und Bedrohungen gegenüber hellwach, konzentriert und achtsam zu bleiben.

1. Notwendigkeit von Angst

Angst ist eine in der Evolutionsgeschichte tief verankerte Emotion, die als verhaltenssteuernder Instinkt schon bei vielen wirbellosen Tieren vorkommt – beispielsweise bei der Seeschnecke. Beim Menschen legen viele kulturgeschichtliche Überlieferungen, Sagen und Mythen von Naturvölkern und -religionen ein beeindruckendes Zeugnis davon ab, daß Angst von Anfang an ein ständiger Begleiter – und Wegbereiter – menschlichen Lebens war. Ohne das »handlungsstimulierende« Phänomen Angst wären unsere Vorfahren nicht überlebensfähig gewesen.

Eine Tatsache, die auch heute noch gilt. So definiert und versteht der Pschyrembel, der »Duden der Medizin«, »Angst als unangenehm empfundenen, gleichwohl lebensnotwendigen (weil eine Gefahr signalisierenden) emotionalen Zustand mit zentralem Motiv der Vermeidung bzw. Abwehr einer Gefahr und physischen und psychischen Begleiterscheinungen.«

Die Weisheit des Volksmundes vermittelt eine Ahnung der existentiellen Erlebnistiefe und -weite ängstlicher Erfahrungen: Den »Angstschweiß« kennen viele, die schon einmal »Blut und Wasser« geschwitzt haben, »vom kalten Grausen« gepackt wurden oder »tausend Tode gestorben« sind. Daß Angst seine Begriffswurzel in der indogermanischen Wortgruppe »eng« (Enge) und dem lateinischen »angor« (Würgen, Beklemmung) hat, wird in Formulierungen deutlich wie »die Angst schnürt einem die Kehle zu«, »vor Angst blieb mir die Luft weg« und ähnlichem.

In der Psychologie wird Angst als eine allgemeine und umfassende Bezeichnung für eine Klasse von Emotionen definiert, die auf einer mehr oder weniger realistischen Wahrnehmung, Erwartung oder Vorstellung von Bedrohung beruhen und mit einem zumindest als unangenehm empfundenen Erregungszustand des Organismus einhergehen. Da die Wurzeln der Angst tief in unserer Vorgeschichte begründet liegen, ist Angst ein vollkommen natürliches Gefühl, das dazu dient, uns vor bedrohlichen Situationen zu warnen und das leibseelische Wohlergehen des Organismus zu schützen. Man kann es als ein existentiell notwendiges (Früh-)Warnsystem des Organismus beschreiben, dessen Botschaft lautet: Achtung, tu was!

2. Kennzeichen normaler und krankhafter Angst

Angst ist immer als eine Reaktion auf wirkliche oder eingebildete Gefahren zu verstehen, die körperliche, gedankliche und verhaltensbezogene Veränderungen hervorrufen. Auf diesen drei Ebenen sind im wesentlichen folgende Reaktionen zu unterscheiden:

<u>Körperlich-physiologische Veränderungen:</u>
Biologisch und evolutionär ermöglicht das Alarmsystem Angst eine blitzschnelle »Fight-or-flight«-Reaktion«:

Die Angst mobilisiert alle Kraftreserven und bereitet den Organismus zum Angriff, Kampf oder zur Flucht vor. Der Körper stellt sich auf eine Notfallreaktion ein, das für Aktivität und Leistung zuständige sympathische Nervensystem beginnt aus dem Stand heraus auf Hochtouren zu arbeiten. Die immer mit Angst und Erregung verbundene Adrenalinausschüttung führt zu erhöhtem Herzschlag, es wird mehr Blut durch den Organismus gepumpt – insbesondere in die für die Kraftumsetzung wichtige Arm- und Beinmuskulatur. Die Atemfrequenz steigt rasch, und der Atem wird tiefer, weil der Körper verstärkt mit Sauerstoff versorgt werden muß. Die gesteigerte Aktivität der Schweißdrüsen führt zu starkem Schwitzen, das den Körper vor allem kühlt und ihn vor Überhitzen bewahrt. Die Pupillen erweitern sich und erhöhen die Sehkraft. Nach einiger Zeit wird jedoch automatisch das für Ruhe, Verdauung und Regeneration zuständige parasympathische Nervensystem aktiviert wird, so daß die körperliche Angstreaktion niemals endlos andauern oder sich zu einem physiologisch schädlichen Maße hochschaukeln kann – das gilt auch für die Panikattacke.

Gedanklich-»kognitive« Veränderungen:

Die kognitiven, verstandesbezogenen Tätigkeiten eines Menschen, sein Denken und Sprechen oder seine Vorstellungen sind nicht vom Erleben und Fühlen zu trennen. Stellt man sich beispielsweise die entspannten Situationen einer fröhlichen Feier, eines schönen Urlaubstages oder lustvollen Liebesabenteuers vor, bleibt diese Imagination nicht folgenlos für die eigene Stimmung. Unser Denken beeinflußt unser Verhalten und körperliches Befinden – wie umgekehrt körperliche Zustände unsere Wahrnehmung verändern. Es handelt sich um wechselseitige Abhängigkeiten. Diese leibseelische Einheit des menschlichen Daseins wird gerade bei der Angst deutlich: Mit der physiologischen Angstreaktion gehen kognitive

Wahrnehmungen, Urteile und Gedanken einher sowie erhöhte Aufmerksamkeit und Wahrnehmungssensibilität. Diese inneren gedanklichen Prozesse wiederum sind als (negative) Erwartungshaltungen für die Angstentstehung von ausschlaggebender Bedeutung: Bei vielen Phobien beispielsweise genügt die alleinige Vorstellung des gefürchteten Gegenstandes, um auch körperliche Angst zu erleben. Der Gedanke an die eigene Hilflosigkeit fördert so die Angstentstehung und beeinflußt ihre Intensität.

Verhaltensbezogene Veränderungen:
Aufgrund unseres evolutionären Erbes können wir in angstauslösenden Situationen wie unsere Vorfahren prinzipiell zu fliehen versuchen oder den Kampf aufnehmen. Auch wenn es im heutigen Dasein weniger darum geht, körperliche Gefahren – Naturgewalten, angreifende Tiere oder Feinde – abzuwehren als mit Bedrohungen eher psychischer Natur fertigzuwerden, reagieren wir auch bei psychischer Bedrohung häufig unmittelbar mit verändertem Verhalten. Dies kann sich in einer konzentrierten oder zu hektischen Betriebsamkeit äußern, in einem Rückzug von der Umwelt oder dem Vermeiden bestimmter Situationen.

Das natürliche und gesunde Alarm- und Aktivierungssystem Angst gerät allerdings dann aus dem Gleichgewicht, wenn es entweder überhaupt nicht funktioniert oder ständig in Betrieb ist. Letzteres bedeutet, daß es schon auf kleinste, ungefährliche Veränderungen im eigenen Organismus oder der Umwelt überempfindlich reagiert. Nach einer von den Psychologen R. M. Yerkes und J. D. Dodson Anfang des Jahrhunderts entdeckten Gesetzmäßigkeit menschlichen Verhaltens sind wir am leistungsstärksten, wenn unser psychophysisches Erregungs- oder Aktivationsniveau weder zu hoch noch zu niedrig ausgeprägt ist, sondern in einem Mittelbereich liegt.

Von Sigmund Freud stammt die grundlegende Unterscheidung von Ängsten. Er differenzierte zwischen der normalen »Realangst« und der krankhaften, neurotischen Angst. Letztere definierte er als Angst vor einer Gefahr, die wir »bewußt nicht kennen«.

Die Realangst hat deutlich identifizierbare Quellen in der Außenwelt und ist im allgemeinen der von dem gefürchteten Objekt oder der Situation ausgehenden Bedrohung angemessen. Realangst zu erleben, ist also wirklichkeitsangepaßt, vernünftig und gesund. Bei der neurotischen Angst verhält es sich anders. Hier entsteht Angst aufgrund ungelöster, unbewußter und verdrängter Konflikte in dem von Freud genauer beschriebenen psychischen Apparat. Bei der neurotischen Angst kann man psychoanalytisch im wesentlichen drei Formen unterscheiden:

(a) freiflottierende Angst (ständig vorhandene, unspezifische Angst),
(b) Phobie (irrationale Angst vor spezifischen Objekten oder Situationen),
(c) Panikreaktion (plötzlicher Angstausbruch, von dem eine Person überwältigt wird).

Psychologen und Psychotherapeuten wie dem Angsttherapeuten Hans Reinecker zufolge müssen folgende Aspekte erfüllt sein, damit man von pathologischer, also krankhafter Angst sprechen kann:

- Die Angstreaktionen der Person sind einer Situation nicht mehr angemessen.
- Die Angstreaktionen sind überdauernd, das heißt chronisch.
- Das Individuum besitzt keine Möglichkeit zur Erklärung, zur Minderung oder Bewältigung der Angst.
- Die Angstreaktionen führen zu einer massiven Beeinträchtigung des Lebensvollzuges der Person.

II. Vielfalt von Angstzuständen: Furcht, Ängstlichkeit, Angstlust

Angst ist ein in sehr unterschiedlichen Facetten existierendes Daseinsphänomen, dessen Vielfalt sich allerdings erst dann erschließt, wenn man das Angsterleben nicht prinzipiell als krankhaft begreift und mit einer Angststörung verwechselt.

1. Angst und Furcht

Der Psychologe, Mediziner und Philosoph Karl Jaspers drückt den grundlegenden Unterschied zwischen Angst und Furcht in seinem Buch »Allgemeine Psychopathologie« so aus: »Ein häufiges und qualvolles Gefühl ist die Angst. Furcht ist auf etwas gerichtet, Angst ist gegenstandslos«. Während man in der Umgangssprache und im alltäglichen subjektiven Erleben praktisch nicht zwischen Furcht und Angst unterscheidet, gelten bei Psychologen Angst und Furcht dagegen als entgegengesetzte Pole eines breiten Spektrums möglicher Reaktionen auf wahrgenommene Bedrohungen. Prinzipiell gilt dabei, daß Angst durch eine undeutliche, vage, nur geahnte Bedrohung hervorgerufen wird, während Furcht sich auf eine konkrete Gefahr oder Bedrohung bezieht. Angst wäre demnach eher als eine von innen kommende, unbestimmte Erfahrung zu beschreiben, Furcht dagegen als Reaktion auf einzelne Objekte oder Situationen. Furcht gilt als die eher angemessene, normale Erlebnis- und Verhaltensweise bei einer realen Gefährdung, während als Angst eine tendenziell neurotische, gegenstandslose und überschießende Reaktion bezeichnet wird.

Die Unterscheidung wird vor allem im Zusammenhang mit emotionspsychologischen Konzepten wichtig, für die Furcht eines von etwa zehn Grundgefühlen darstellt –

während Angst als ein übergeordnetes Gefühlsmuster verstanden wird, in das noch andere Empfindungen und (Grund-)Gefühle wie Scham oder Schuld, Ärger oder Traurigkeit verwoben sein können.

Die erlebnisbezogenen Phänomene selbst sind unabhängig begrifflicher Differenzierungen praktisch gleich: körperliche Unruhe, gedanklich gefahrvolle oder -abwehrende Erwartungen und Vorstellungen sowie gespannte und erhöhte Verhaltensbereitschaft.

2. Ängstlichkeit

Im Gegensatz zur jeweils situativ erlebten Zustandsangst stellt Ängstlichkeit oder Angstneigung einen situationsunabhängigen oder -übergreifenden Charakterzug dar – eine individuelle Persönlichkeitseigenschaft, die sich durch vorsichtige, risikoscheue und abwartende Verhaltensweisen charakterisiert.

Die Unterscheidung zwischen Zustandsangst und Ängstlichkeit als Wesenszug geht auf den amerikanischen Psychologen Charles Spielberger zurück. Spielberger erklärt dazu: »Auf der einen Seite besteht Angst aus einer gefühlsmäßigen Komponente, Gefühlen der Anspannung und gesteigerten Aufmerksamkeit. Dazu kommt die Aktivierung des autonomen Nervensystems«. Angst ist ein Zustand, der von seiner Intensität her variieren kann und Schwankungen ausgesetzt ist. Der Streß, in dem ein Individuum jeweils steht, spielt eine wesentliche Rolle. Und deswegen würde ich Angst letztlich als Zustand (State) definieren. Angst als Verhalteneigenschaft (Trait) bezieht sich dann auf die Häufigkeit, mit der ein Individuum Angstzustände bei sich über die Zeit hinweg erfährt. Es gibt Menschen, die ängstlicher sind als andere und häufiger Zustandsangst haben. Angst als ›Ängstlichkeit‹ ist daher eine individuelle Persönlichkeitseigenschaft«.

Angstzustände im Kindes- und Jugendalter

Befürchtungen und Ängste verfolgen uns von Beginn an, sehr wahrscheinlich schon vom ersten Tag unseres Erdendaseins an – so gilt der erste Schrei des Säuglings nicht gerade als Ausdruck von Lebensfreude oder archaischem Wohlbefinden. Neuere Untersuchungen bestätigen, daß zumindest jedes fünfte Baby ängstlich zur Welt kommt.
Kinder- und Jugendpsychologen unterscheiden vor allem folgende Formen dieser Ängste:

- Nachtangst
- Trennungsangst
- Verlustangst
- Angst vor dem Alleinsein
- Versagensangst
- Angst vor Krankheiten
- Angst vor Ärzten und ärztlichen Untersuchungen
- Angst, sterben zu müssen
- Zukunftsangst
- Angst in Verbindung mit körperlichen Symptomen
- Angst vor dem Vater
- Verfolgungsangst
- Angst vor Tieren

Entwicklungspsychologisch gilt dabei, daß jüngere Kinder eher unter Nacht- und Trennungsängsten leiden, während bei älteren Kindern und Jugendlichen eher Zukunftsängste, Verfolgungsängste oder Schulängste auftreten.
Im allgemeinen sind Ängste im Kindesalter eine natürliche Erscheinung – Ängste vor Haustieren, Insekten, Dunkelheit, Fremden und so weiter nehmen allerdings mit dem Älterwerden wieder ab. Als krank auf Seiten der Erziehenden gelten neben einem Man-

gel an Angst – dem Angstdefizit – vor allem ein überbeschützender Erziehungsstil (Überprotektion): Buchstäblich alles, was mit den Kindern in Berührung kommt, wird ständig darauf geprüft, ob es eine Bedrohung oder Gefahr für ihre Entwicklung oder Gesundheit bedeutet. So spielt die Mutter etwa lieber selbst mit dem Kind, als es in einen Kindergarten zu schicken. Als Folge beginnen gerade wegen der krankhaften Vermeidung aller Lebenrisiken, Angst und Furcht den Alltag und das Leben dieser Kinder zu bestimmen.
Für Kinder mit pathologischen Angstzuständen gibt es wirksame therapeutische Hilfen: neben Elternberatung oder -therapie eine psychotherapeutische und/oder psychopharmakologische Behandlung. Zudem ist auf die allgemeine Möglichkeit angst- und furchtmindernder Entspannungsverfahren für Kinder hinzuweisen.

Spielberger konnte in jahrelangen Untersuchungen in mehr als 20 Ländern zeigen, daß kulturübergreifend folgende Zusammenhänge bestehen: Bei Streßsituationen, die vor allem das Selbstwertgefühl betreffen (Prüfungen), zeigen diejenigen mit ausgeprägt ängstlicher Persönlichkeit auch eine stärkere Zustandsangst. Spielberger führt dies darauf zurück, daß es prinzipiell zwei Klassen von Stressoren gebe, nämlich körperliche Bedrohung und psychosoziale Gefahr – wobei letztere eng mit Ängstlichkeit zusammenhänge: Menschen mit einem hohen Maß an Ängstlichkeit tendieren für Spielberger dazu, psychische Bedrohung als persönlichkeitsbelastender zu empfinden und zeigen in solchen Situationen auch einen entsprechenden Anstieg an Zustandsangst.

Das Phänomen der Ängstlichkeit kann auch im Kindesalter eine wichtige Rolle spielen.

3. Thrill: Die Lust an der Angst

Im allgemeinen wird Angst als unlustvoll erlebt. Dennoch kennen praktisch alle Menschen auch eine gewisse Lust an der Angst: Das packende Gefühl, wenn Gefahr und Furcht zu einer stimulierenden, ebenso aufregenden wie erregenden Erfahrung werden kann – der Thrill als Angstlust oder Nervenkitzel.

Der Thrill wurde von Michael Balint, einem ungarischen Arzt, Psychiater und Psychoanalytiker, in den fünfziger Jahren beschrieben. Als er mit einer Gruppe von Patienten über den Jahrmarkt bummelte, bemerkte er, daß ausgerechnet unter den Hochängstlichen einige waren, die offensichtlich viel Freude bei den Angstgefühlen verspürten, die eine Fahrt mit der Achterbahn oder andere abenteuerliche Dinge auslösen. Balint beschäftigte sich daraufhin eingehender mit diesem Phänomen und nannte es Angstlust, die Freude, der Spaß an der Erregung, dem Nervenkitzel, dem Kick oder Thrill. Nach Balint läßt das Trauma der Geburt und der frühkindlichen Trennung, der Verlust von Sicherheit und Geborgenheit manche Menschen zu sogenannten Philobaten werden: Aus Angst vor einer neuerlichen Trennung vermeidet der Erwachsene jegliche näheren Bindungen und bevorzugt die bindungslosen »freundlichen Weiten«. So fühle sich etwa der Skispringer in der Luft genauso geborgen wie der Taucher unter Wasser – »Gefahr« drohe erst bei der neuerlichen »Begegnung mit den Objekten«, der »Wiederholung des Geburtstraumas«: Der Springer müsse schließlich ebenso wieder landen wie der Taucher.

Der philobatische Risikosucher setzt sich demnach immer wieder der Angst aus, um sich zu vergewissern, daß er unter erneuten traumatischen Bedingungen überlebensfähig ist.

In den sechziger Jahren führte der Sozialpsychologe Marvin Zuckerman das Konzept des Thrillseekers weiter

Thrill: Lust am Abenteuer

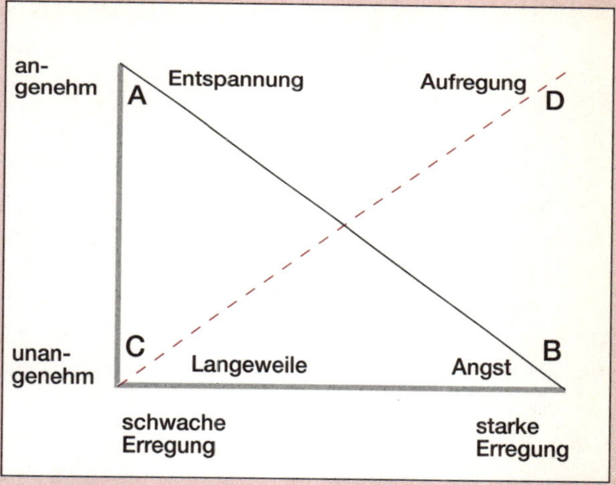

Thrill und Angstlust als belebendes "Spiel mit dem Feuer" werden innerhalb eines Spannungsfeldes zwischen angenehmer und unangenehmer Erregung erlebt.

aus. Die Suche nach Gefahr und Angst, Stimulation, Nervenkitzel und starken Reizen sei demnach ein Persönlichkeitsmerkmal – es gehöre zu den grundlegenden Bedürfnissen des Menschen wie Hunger und Durst. Konnten in vergangenen Jahrhunderten noch »Eroberungskriege, Ritterturniere, öffentliche Hinrichtungen oder wüste Orgien den Hunger nach ungewöhnlichen und stimulierenden Erfahrungen sättigen«, so der Psychologe, »bleibe heute nur noch die Routine und Langeweile des Stadtmenschen« – ein unbefriedigendes Leben aus zweiter Hand.

Zu den aktuelleren Versuchen einer Erklärung dafür,

warum der Rausch der Gefahr und die Suche nach dem Thrill immer mehr Menschen in ihren Bann ziehen, zählt die Arbeit des britischen Sozialpsychologen Michael Apter. Von der Prämisse ausgehend, wonach jeder Mensch »ab und zu etwas Nervenkitzel« brauche, lautet seine Antwort:

- Es gibt eine prinzipielle und unaufhebbare menschliche Lust am Risiko und der Gefahr – die Verhaltensdisposition »Suche nach Erregung«. Diese motiviert den Menschen, der Langeweile zu entgehen und das Risiko innerhalb eines subjektiv als schützend wahrgenommenen Rahmens zu suchen. (Auch der wagemutigste Springer würde sich weder aus dem Flugzeug noch von der Brücke fallen lassen, wenn er subjektiv nicht um den schützenden Rahmen des Fallschirms oder des Bungeeseils wüßte.)
- Diese abenteuerorientierte »Suche nach Erregung« ist gekoppelt mit einem ebenso starken Motiv der »Vermeidung von Angst« und der Suche nach Entspannung – ähnlich wie im Leben das Schlafen und Wachen zusammengehören.
- Diese beiden Verhaltensdimensionen schaffen eine grundlegende »Thrill- oder Aufregungsebene« mit den vier Eckpunkten Langeweile, Panik/Angst, Entspannung und Erregung/Ekstase, auf der sich die menschliche (Un-)Lust an Risiko, Gefahr und Thrill hin und her bewegt.

Apters wichtigste Schlußfolgerung: Da die Lust am Nervenkitzel natürlich sei, und unsere »Gesellschaft der Langeweile« keine ursprünglichen Möglichkeiten für deren Entfaltung biete, sollte man Individuen öffentlich wieder Raum zum Risiko schaffen. Offenkundig brauchen viele etwas Nervenkitzel. Droht über längere Zeit weg keine reale Gefahr oder wird diese verdrängt, führen wir sie künstlich herbei oder erleben sie stellvertretend vor der Kinoleinwand und dem Fernsehbildschirm.

Eine andere Erklärung für das immer aktueller werdende Phänomen der Angst- und Risikosuche bietet der Psychologe Gert Semler. Semler postuliert ähnlich wie Apter einen Angsttrieb – entsprechend diene das jeweilige Risikoverhalten der Befriedigung dieses Triebes.

Der Risikoexperte äußert ebenfalls »zivilisationskritische« Bedenken gegen die routinierte Sicherheitsgesellschaft: In dem Maße, in dem in dieser die Vorbeugung und Verhütung von Gefahren perfektioniert werde, wachse gleichzeitig auch das Bedürfnis nach Angsterleben. Daher sind die ständig neuen Herausforderungen – beispielsweise Eis-Klettern, Air-Surfing oder River-Boogie für den Psychologen auch nicht das Produkt einer an Konsum und Profit orientierten Freizeitindustrie, sondern allein dem »Einfallsreichtum und der Willenskraft von Menschen zu verdanken, die sich nicht mit Routine und Reproduktion von bereits Vorhandenem zufrieden geben wollen«. Semler spannt den Risikobogen noch etwas weiter: Risikoverhalten sei nämlich auch ein »hervorragendes Mittel gegen die Angst vor der Angst. Durch den Erwerb von Fähigkeiten, die ein Kontrollieren der Gefahr ermöglichen, verliert die Angst ihren Schrecken. Als Risikosucher lebt man besser mit ihr, weil man gelernt hat, mit ihr umzugehen.

Thrill-Seeking dient demnach prinzipiell der Angstbewältigung, insofern alle Formen, sich Aufregung und Thrill zu verschaffen, demselben Ziel dienen können: Die Reaktionsbereitschaft des Organismus durch das Erleben von Spannung und Angst – und sei es auch nur stellvertretend – als Schutz gegen echte Gefahren zu erhalten.

Bei der Angstlust, der Risikosuche und dem Thrill muß man also stark differenzieren. Destruktiven Tendenzen wie der Lust auf Randale, S-Bahn-Surfen oder dem Drogenmißbrauch steht die biophile – lebensdienliche – Lust an Abenteuer, Bewegung und körperlicher wie emotionaler Unmittelbarkeit gegenüber.

III. Angststörungen

Als charakteristische gemeinsame Merkmale bei Angststörungen (Angstneurosen, phobische Neurosen) gelten im wesentlichen das Erleben typischer Angstsymptome wie Zittern, Unruhe, Herzschlag- oder Blutdruckerhöhung und das Vermeidungsverhalten.

1. Angst – eine »Volkskrankheit«?

Angststörungen zählen weltweit zu den häufigsten psychischen Erkrankungen. Jeder dritte Deutsche hat schon einmal in seinem Leben stärkere Angst in Form einer Panikattacke erlitten; acht bis zehn Millionen haben regelmäßig mit Angstänfällen zu kämpfen, etwa fünf Millionen befinden sich deswegen in ärztlicher und/oder psychotherapeutischer Behandlung, für drei Viertel der deutschen Erwachsenen sind Angstzustände nach Selbstaussage normal – eine Million gilt als chronisch angstkrank. Nach einer repräsentativen Untersuchung des Dortmunder FORSA-Institus vom Frühjahr 1994 zählen Angststörungen damit neben depressiven Erkrankungen zu den häufigsten psychischen Krankheiten der Bevölkerung.

Die Zahlen sprechen dabei eine deutlich geschlechtsspezifische Sprache: Frauen leiden sehr viel stärker an Angst und Angststörungen als Männer – doppelt bis dreimal so häufig. Da sich die Geschlechter bezüglich einer angeborenen Angstbereitschaft aber nicht unterscheiden, führen Psychologen die Diskrepanz im wesentlichen auf unterschiedliche Erziehungsbedingungen zurück. Männer erfahren als Jungen eine angstfreiere Erziehung und dürfen ihre Ängstlichkeit vor allem nicht so stark ausdrücken und ausleben wie Mädchen. Es kommt hinzu, daß Männer durch ihre stärkere Eingebundenheit in das

Berufsleben weniger Möglichkeiten haben, in Angstreaktionen zu fliehen. Nicht berufstätige Frauen finden dagegen im Alltagsleben eher Arrangements, ihre Kinder oder Nachbarn zu Helfern der eigenen Angstsache zu machen.

Angsteinschätzung der Deutschen

Empfinden Sie manchmal unbestimmbare Angst?

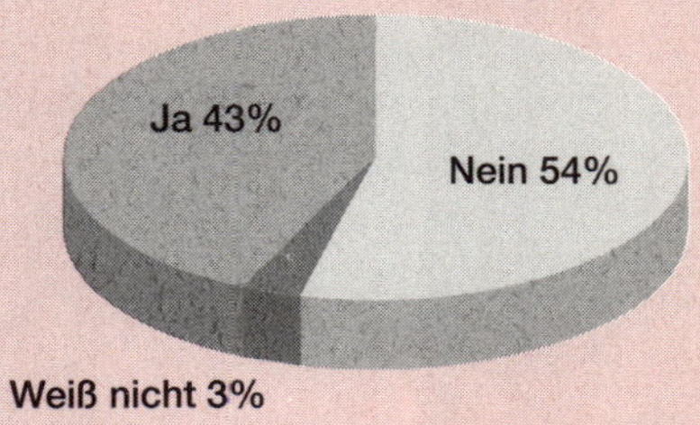

	Ja	Nein
Männer	34	64
Frauen	53	45
14- bis 29-jährige	51	47

Halten Sie Angstzustände für normal?

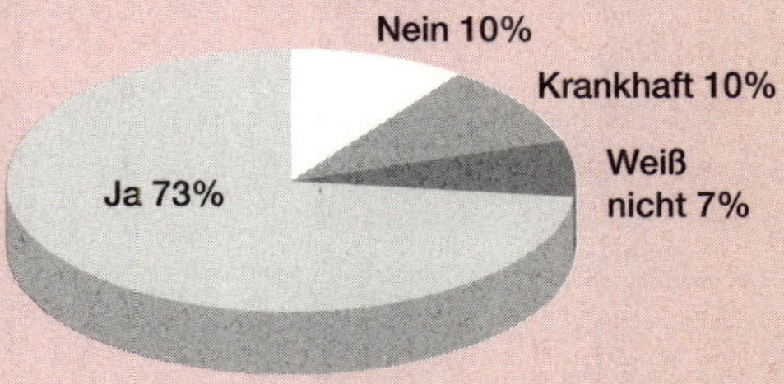

	Ja	Nein	Krankhaft
Männer	68	12	11
Frauen	77	8	9
14- bis 29-jährige	82	10	2

Diagnostik von Angststörungen

Einen Überblick über die verschiedenen diagnostischen Klassen von Angststörungen ermöglichen die international gültigen diagnostischen Handbücher DSM-IV (»Diagnostisches und Statistisches Manual psychischer Störungen«) der Gesellschaft amerikanischer Psychiater und das ICD-10 (»Internationale Klassifizierung von Krankheiten«) der Weltgesundheitsorganisation. Dabei werden Angststörungen nach folgenden wesentlichen Erlebnisstrukturen und Kategorien unterschieden:

Paniksyndrom
– mit Agoraphobie
– ohne Agoraphobie

Phobien
– Agoraphobie ohne vergangene Panikanfälle
– soziale Phobie
– einfache oder spezifische Phobie

Generalisiertes Angstssyndrom

Posttraumatische Belastungsreaktion

Angststörungen sind also keine weibliche Volkskrankheit, wie häufig behauptet wird. Männer haben von Natur aus nicht weniger Angst. Nur ist ihr nach außen gezeigtes Verhalten ein anderes. Männer greifen bei Ängsten etwa häufig zu Alkohol. Wie bei depressiven Verstimmungen versuchen Männer stärker als Frauen, ihre Ängste zu verdrängen und wegzuspülen. Außerdem gehen Männer weniger zum Arzt oder gar Psychologen. Können sie sich doch überwinden, rücken sie die »harten«, körperlichen Erkrankungen wie Herz- oder Magenbeschwerden in den Vordergrund.

2. Panik

Panik bedeutet das plötzliche Ausbrechen eines schweren Angstanfalles. Als Merkmal einer Panikstörung gilt daher das unerwartete Auftreten panischen Erschreckens, ohne daß die Angst durch eine äußere Gefahrensituation oder körperliche Ursache hervorgerufen wird.

Beispiel:
Eine Panikpatientin des Angsttherapeuten Jürgen Margraf schildert das subjektive Erleben während eines Panik-Anfalles:

»Plötzlich geht ein sehr merkwürdiges Gefühl durch meinen Körper. Dann werde ich nervös, und mein Herz rast. Ich kriege keine Luft, meine Hände werden richtig schweißig. Ich fühle mich, als ob ich Durchfall bekäme, es schüttelt mich. Oft erscheinen die Dinge um mich herum nicht so, wie sie sein sollten, als ob ich weit weg sei. Dann fürchte ich, daß ich total die Kontrolle verliere, ich denke ›ich muß sterben‹, ›ich kann nicht atmen‹, ›ich werde es nie schaffen‹. Manchmal habe ich Angst, daß ich geisteskrank bin, daß ich nicht damit fertig werde. Ich bin schon ins Krankenhaus gekommen, weil ich es nicht kontrollieren konnte. Wenn ich bei jemandem bin, dem ich vertrauen kann, geht es schnell vorbei.«

Psychologen und Mediziner sprechen dann von einer Panikattacke, wenn ein plötzlich einsetzender, intensiver Angstzustand auftritt, bei dem mehrere der folgenden Symptome erfahren werden:

- Angst, die Kontrolle zu verlieren;
- Angst, verrückt zu werden;
- Angst vor schwerer Krankheit oder Todesangst;
- Schweißausbrüche oder starkes Schwitzen;
- Herzjagen oder unregelmäßiger und beschleunigter Puls;

Pan und Phobos: Furcht und Schrecken

Der Begriff der Panik ist auf den altgriechischen Hirtengott Pan zurückzuführen. In der Mythologie wird Pan als von so häßlichem Aussehen geschildert, daß ihn seine Mutter nach der Geburt vor Schreck aussetzte. Wenn man Pan, ansonsten von eher heiterem Wesen, ärgerte oder im Schlaf störte, neigte er dazu, Menschen wie Tiere in Angst und Schrecken zu versetzen. Die Menschen flohen vor »panischem« Schreck und mieden fortan den Ort des Entsetzens.
Pan war den Athenern aber auch sehr hilfreich. Als nämlich die Perser Athen angriffen, löste Pan mit seiner Erscheinung bei den Feinden eine sprichwörtliche Panik aus, woraufhin sie die Flucht ergriffen.
Auch Phobos, in der Mythologie Zwillingsbruder des Deimos (Dämon) und Sohn des Kriegsgottes Ares und der Aphrodite, wird die Fähigkeit zugesprochen, aufgrund seiner Erscheinung Feinde einzuschüchtern. So malten sich viele Krieger ein Abbild von Phobos auf ihre Schilder, um die Gegner abzuschrecken. Ihre »phobische« Flucht – als überzogenes und irrationales Vermeidungsverhalten – gab der Phobie ihren Namen.

- Depersonalisation und Wirklichkeitsverlust (Gefühle von Unwirklichkeit, Losgelöstsein oder Selbstentfremdung);
- Taubheitsgefühle (Kribbeln);
- Brechreiz, Übelkeit oder Magen-/Darmbeschwerden;
- Frösteln oder Hitzewallungen;
- Schwäche- oder Schwindelgefühle, Benommenheit;
- Atemnot oder Erstickungsgefühle;
- Zittern;
- Schmerzen in der Brust.

3. Phobien

Eine Phobie ist eine ebenso ausgeprägte wie grundlos und irrational erscheinende Angst vor ganz bestimmten Situationen oder Objekten. Die phobische Reaktion mit ihren charakteristischen köperlichen Kennzeichen wie Übelkeit, Herzrasen, Schwindel, Zittern und Schweißausbrüchen, ist immer als ein Vermeidungsverhalten auf die erlebte Angst zu verstehen.

Da in jedem Lebensbereich phobische Reaktionen möglich sind, gibt es unzählige individuell mögliche Einzelphobien, klinisch bedeutsam und allgemein vorkom-

Phobien von A(goraphobie) biz Z(oophobie)

Agoraphobie	Angst vor öffentlichen Plätzen
Aichmophobie	Angst vor spitzen Gegenständen, Messern
Akrophobie	Höhenangst
Arachnophobie	Spinnenangst
Bazillophobie	Angst vor Krankheitserregern
Betrachophobie	Angst vor Fröschen
Brontophobie	Angst vor Donner und Gewitter
Erythrophobie	Angst vor Nasenbluten
Gymnophobie	Angst vor Nacktheit
Klaustrophobie	Angst vor geschlossenen Räumen
Melissophobie	Angst vor Bienen, stechenden Insekten
Nekrophobie	Angst vor toten Körpern
Pyrophobie	Angst vor Feuer
Thalassophobie	Angst vor Gewässern, Seen, Meer
Trichophobie	Angst vor Haaren
Triskaidekaphobie	Angst vor der Zahl 13
Zoophobie	Angst vor Tieren

mend zählt man etwa 200. Zu den verbreitetsten Phobien gehören die sogenannte Agoraphobie – Angst vor dem Allein- und Hilflossein beispielsweise auf öffentlichen Plätzen oder Straßen, die Klaustrophobie – Angst vor geschlossenen Räumen, Fahrstühlen – sowie verschiede-

Flugangst

Die Aviophobie, die Angst vorm Fliegen, ist eine der am weitest verbreiteten Ängste – nach neueren Erhebungen verspürt jeder zweite zumindest ein deutliches Unbehagen beim Fliegen. Die Angst vor dem Fliegen wird individuell unterschiedlich erfahren. Die Reaktionen reichen von einem leichten Unbehagen bis hin zur Panik. Sie kann sich zudem einmal auf das Starten, die Landung oder das Fliegen insgesamt beziehen.

Die Aviophobie läßt sich wie jede andere Angst durch drei Aspekte charakterisieren: Körperlich können die typischen Symptome auftreten: Atemnot, Unsicherheits- und Ohnmachtsgefühle, Herzrasen, Zittern, Schwitzen, Erstickungsgefühle, Übelkeit, Taubheit, Hitzewallungen oder Kälteschauer, Furcht zu sterben, Furcht verrückt zu werden. Auf der emotionalen, wahrnehmenden Ebene fühlt der Flugängstliche Spannung und Panik. Er erfährt Unwirklichkeitsgefühle (Depersonalisation, Derealisation), erlebt sich als hilflos und befürchtet, körperlich oder geistig Schaden zu nehmen. Auf der Verhaltensebene schließlich zeigen sich insbesondere Fluchttendenzen (Alkohol-, Tablettenmißbrauch) oder Vermeidungsreaktionen (gar nicht erst einsteigen). Seltener sind Kampfreaktionen (zunehmende Aggressivität von Aviophobikern gegenüber dem Flugpersonal oder den Mitreisenden).

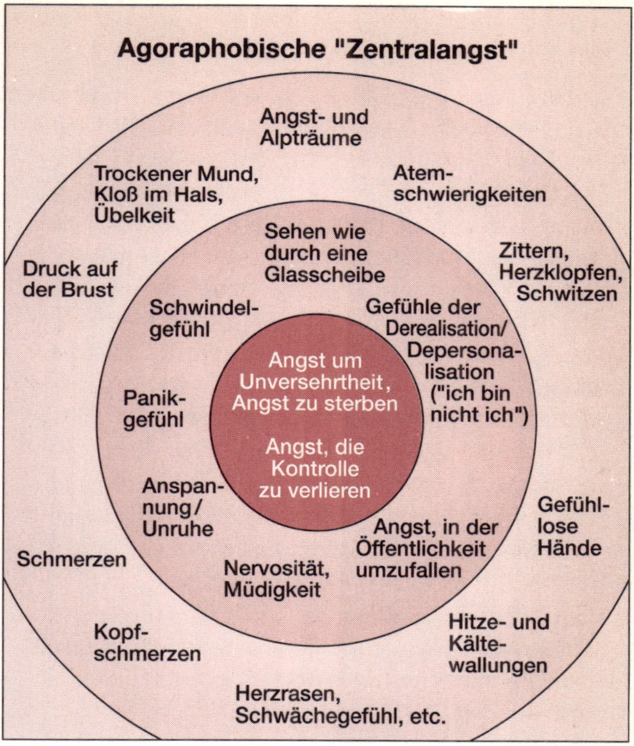

ne Zoophobien (Furcht vor Bienen, Katzen, Schlangen, Spinnen, Mäusen, Insekten).

Wie bei allen Angststörungen sind auch bei den Phobien die Grenzen zwischen einer normalen und krankhaften Angst- oder Furchtreaktion fließend. Wer beispielsweise einmal von einem Hund gebissen worden ist, wird in Zukunft wohl etwas zurückhaltender mit diesen Vierbeinern umgehen. Wenn sich aus der verständlichen Vorsicht aber eine allgemeine Vermeidungsreaktion – Angst vor allen Hunden, egal ob Kettenhund oder Pudel – entwickelt, liegt eine phobische Reaktion vor.

Ein weiteres Charakteristikum der phobischen Angst

Agoraphobie

Unter einer Agoraphobie (Agora, griech. = Marktplatz, öffentliche Versammlungsstätte) verstand man lange ausschließlich die Angst vor großen Plätzen. Psychologen bezeichnen heute als eine Agoraphobie ein erweitertes Verhaltenssyndrom, bei dem folgende Ängste charakteristisch sind: (a) das Haus alleine zu verlassen; (b) sich prinzipiell ohne fremde Hilfe außerhalb des Hauses zu bewegen. Besonders gefürchtet sind bei Agoraphobikern große Menschenmassen und geschlossene Räume, die man nicht jederzeit verlassen kann – beispielsweise Kaufhäuser, Bahnhöfe, Kinos, Theater, Nahverkehrsmittel wie Busse, U- und Straßenbahnen. Die agoraphobische Angsterfahrung ist häufig mit der Vorstellung verbunden zu fallen, anderen ausgeliefert zu sein, das Bewußtsein zu verlieren oder zu sterben.
Häufig genannte Situationen, die am Anfang einer agoraphobischen Angsterfahrung stehen können, sind: Überqueren einer Brücke; Kino; Aufzüge; Fahren in der U-Bahn; Spaziergang im Wald; Überqueren einer Straße; Fliegen im Flugzeug; Busfahren; weite, leere Plätze; Einkaufen im Supermarkt; Alleinsein; Verlassen des Hauses; große Höhen.
Der Angstpsychologe Hans Reinecker verweist darauf, daß das entscheidende Charakteristikum der Agoraphobie weniger ein spezielles Muster von Situationen zu sein scheint, als vielmehr eine ganz spezifische Art von Befürchtungen um die eigene Unversehrtheit.

Beispiel:
Die Agoraphobie wurde vom deutschen Nervenarzt Claudius Westphal 1872 erstmals als Fallgeschich-

beschrieben: »Der Patient beklagt sich, daß es ihm unmöglich sei, über freie Plätze zu gehen. Es überfällt ihn bei dem Versuch dazu sofort ein Angstgefühl, dessen Sitz er auf Befragen mehr im Kopfe als in der Herzgegend angibt, indes ist auch oft Herzklopfen dabei. In Berlin ist ihm der Döhnhofsplatz mit am unangenehmsten; versucht er, denselben zu überschreiten, so hat er das Gefühl, als ob die Entfernung sehr groß, meilenweit sei, er nie hinüber kommen könne, und damit verbindet sich das erwähnte, oft von allgemeinem Zittern begleitete Angstgefühl. (…)
Dasselbe Angstgefühl überfällt ihn, wenn er genötigt ist, an Mauern und langgestreckten Gebäuden entlang oder durch Straßen zu gehen, wenn die Verkaufsläden – wie an Sonn- und Feiertagen oder in später Abend- und Nachtstunde – geschlossen sind. In später Abendstunde – er ißt gewöhnlich abends in Restaurationen – hilft er sich in Berlin in eigentümlicher Weise; entweder wartet er, bis er eine andere Person die Richtung nach seiner Wohnung einschlagen sieht und folgt dicht hinter derselben, oder er macht sich an eine Dame der ›Halbwelt‹, läßt sich in ein Gespräch mit ihr ein und nimmt sie so eine Strecke mit, bis er eine andere ähnliche Gelegenheit findet und so allmählich seine Wohnung erreicht.«
Bei agoraphobischen Angststörungen mit ihren weitreichenden Lebenseinschränkungen besteht die Gefahr, daß Betroffene mit der Zeit depressive Symptome entwickeln. Agoraphobiker leiden zudem häufig unter unspezifischen Panikattacken – also nicht an bestimmte Objekte, Orte oder Personen gebundene Angstzustände, die der eigentlichen Agoraphobie vorausgehen können.

ist, daß häufig die Vorstellung oder der alleinige Gedanke an die gefürchtete Situation (über eine Brücke laufen, im Flugzeug sitzen) oder das angstbesetzte Objekt (Blut, Spinne) genügt, die phobische Reaktion auszulösen.

4. Soziale Ängste

Soziale Ängste oder Sozialphobien sind Ängste, die sich auf den zwischenmenschlichen Kontakt beziehen. Sie werden entweder durch die bloße Gegenwart anderer Menschen oder durch die Erwartung oder Vorstellung einer Begegnung hervorgerufen. Soziale Angst beruht häufig auf mangelnden sozialen Kompetenzen: Forderungen aufzustellen und durchzusetzen, Kontakt aufzunehmen, Beziehungen aufrechtzuerhalten, nein zu sagen oder Wünsche zu formulieren sind Beispiele sozial kompetenten Verhaltens, das sozial Ängstliche als problematisch erleben. Wesentlich ist, daß unter sozialen Ängsten Leidende in einen Zustand erhöhter Selbstbezogenheit und -aufmerksamkeit immer die Befürchtung haben, von anderen schlecht beurteilt, nicht beachtet oder zurückgewiesen zu werden.

Häufig sind sozial ängstliche Menschen unsicher oder können sich nur schwer durchsetzen. Beispiele hierfür sind etwa die Angst vor einer öffentlichen Rede ebenso wie die Angst, Kritik und Forderungen auszusprechen oder Partnerkonflikte auszutragen. Der Psychologe Ralf Schwarzer unterscheidet mit Verlegenheit, Scham, Publikumsangst und Schüchternheit vier Formen von sozialen Ängsten:

<u>Verlegenheit:</u>
Kennzeichen von Verlegenheit sind vor allem Erröten, unsicheres Lächeln, Abbruch oder Vermeiden von Blickkontakt, ungeschicktes oder gehemmtes Verhalten, leises Sprechen und zögerliches Antworten.

Schulangst

Bei der Schulangst handelt es sich um eine Form der Sozialphobie, da beim Kind häufig psychische Angstsymptome auftreten, die mit Eß- und Schlafstörungen, Bauchschmerzen und Übelkeit einhergehen. Psychologen sahen früher den Grund für Schulängste vor allem in einem möglichen Fehlverhalten der Eltern: Ein zu starkes Beschützen und Behüten vor der Umwelt führe zu einer ausgeprägten Trennungsangst beim Kind. Ursache sei also nicht die Furcht vor der Schule, sondern die Furcht, die Mutter zu verlassen. Diese Sichtweise ist allerdings zu einseitig. So muß man vor allem fragen, ob die Wahl einer falschen Schulart (Überforderung), Versagensängste in der Klasse oder Ablehnung durch die Mitschüler (Außenseiter) eine Rolle spielen.
Der Angsttherapeut Isaac betont, daß Kinder dazu erzogen werden können und sollen, mit Bedrohungen in couragierter, jedoch nicht leichtsinniger Haltung umzugehen. So sei es bei Schulverweigerung wichtig, das Kind freundlich, aber bestimmt wieder zur Schule zurückzubringen, während man sicherstelle, daß »weder Schikane noch andere traumatische Ursachen« Quelle der Angst sind. Lehrer und vor allem die bei allen Schultypen und Altersstufen beratenden Schulpsychologen sind wichtige Ansprechpartner für Eltern.

Scham:

In der Scham erlebt man einen Verlust des Selbstwertgefühles. Man ist über sich enttäuscht und/oder hat andere enttäuscht. Scham ist zwar mit Verlegenheit eng verbunden, unterscheidet sich aber von ihr durch eine intensivere und länger andauernde Reaktion auf eine Verletzung moralischer Wertmaßstäbe, die als Selbstverachtung, Selbstenttäuschung und soziale Zurückweisung erlebt werden. Im Unterschied zu privat erfahrenen Schuldgefühlen ist Scham immer abhängig von öffentlich gewordenem, bloßgestellten Fehlverhalten. Wenn niemand die Blamage beobachtet hat, wird sich auch niemand schämen. Unentdeckte Taten können zwar Schuldgefühle hervorrufen, nicht aber Schamgefühle.

Publikumsangst:

Bei der Publikumsangst (Lampenfieber) fürchten sich sozial ängstliche Menschen, sich einer größeren Gruppe oder Gesellschaft in Form einer Ansprache, eines Vortrags oder einer sportlichen oder künstlerischen Vorführung zu präsentieren.

Charakteristische äußerliche Kennzeichen der Publikumsangst sind: Blässe, unsichere Stimme und verkrampfte Körperhaltung. Gemeinsam ist den verschiedenen Publikumsängsten die Befürchtung, von anderen nicht beachtet oder nicht anerkannt zu werden, Fehler zu machen oder lächerlich zu wirken.

Schüchternheit:

Ein schüchterner Mensch hält körperlich Abstand, spricht wenig und leise, meidet den Blickkontakt und verhält sich ernst und zurückhaltend. Im Unterschied zur ähnlich beschreibbaren Höflichkeit ist Schüchternheit aber keine Frage der äußeren Form. Die schüchterne Persönlichkeit kann aufgrund ihrer ängstlichen Disposition nicht anders handeln, weil die soziale Angst sie bestimmt. Schüchterne Menschen sind vielfältig gehemmt und in ihrer sozialen Freiheit stark eingeschränkt. Sie scheuen Selbstbehauptung, eigenes Reden und Handeln, gehen nicht auf andere zu. Da dieses Vermeidungsverhalten insbesondere auch auf das andere Geschlecht bezogen ist, haben Schüchterne auch in sexueller Hinsicht häufiger Probleme.

Masken der Angst

Unterwürfigkeit: Jeder muß sich seiner sozialen Mit- und Umwelt anpassen und einorden, was Kompromisse erforderlich macht. Der Unterwürfige verzichtet allerdings aufgrund seiner Ängstlichkeit und Verletztbarkeit gänzlich auf eigene Ansprüche, die unablässigen Gesten der eigenen Herabsetzung sollen ihm Schutz gewähren. Durch den Verzicht auf Selbstbestimmung erreicht er aber nur die trügerische Sicherheit des Mitläufers.

Macht- und Geltungsstreben: Macht als materieller Besitz oder soziale Überlegenheit verkörpert für den sozial Ängstlichen ein vermeintliches Mittel gegen seine Schwächen und Minderwertigkeitsgefühle. Es verschafft ihm den Schein der Selbstachtung.
Macht- und Geltungsstreben darf nicht mit Verhaltensweisen verwechselt werden, in denen menschliche Grundbedürfnisse nach Erfolg und sozialer Anerkennung im Vordergrund stehen.

Aggressivität: Häufig liegen aggressivem Verhalten soziale Ängste zugrunde. So versuchen gewalttätige Männer oft, durch offene Aggressivität in der Gruppe oder Partnerschaft, ihre Schwächen, Minderwertigkeiten, Verlassenheits- und Einsamkeitsängste zu kompensieren.
Aggressivität bezieht sich dabei auch auf verbale Angriffe, die verdeckt oder unter der Maske des Wohlwollens auftreten können: Mehrdeutige Witze über jemanden machen, Sticheln, anonyme Botschaften verbreiten, zählen dazu.
Auch Verhaltensweisen im Sinne sogenannter stellvertretender Aggressionen sind oft durch Sozialängste motiviert.

Mobbing

Beim Mobbing werden die unschuldigen Opfer durch Intrigen oder sonstige Macht- und Psychospielchen von ihren Kollegen oder Chefs regelrecht »fertiggemacht«. Sie werden geschnitten, verspottet, mit sinnlosen Aufgaben bedacht, oder man setzt üble Gerüchte über sie in Umlauf.
Bei den Betroffenen kommt es zunächst zu diffusen Ärger-, vor allem aber Unsicherheits- und Angstgefühlen, die schnell zu psychosomatischen oder psychischen Störungen führen können.
Da Gespräche mit »mobbenden« Kollegen oder dem möglicherweise selbst beteiligten Chef in aller Regel nicht helfen, sollte das Mobbingopfer nicht zögern, Hilfe von außen zu holen: bei Personal- und Betriebsräten, vor Gericht oder den Gewerkschaften.
Mit Rat und Tat bei Mobbing hilft auch die «Gesellschaft gegen psychosozialen Streß und Mobbing e.V.« (Adresse im Anhang).

Soziale Ängste können darüber hinaus in einem anderen Zusammenhang eine Rolle spielen. So weisen Verhaltensforscher darauf hin, daß ein Sozialverhalten in Form von Hochmut, Prahlerei oder Arroganz häufig nur eine aufgesetzte Maskerade bedeuten, hinter der sich soziale Ängste verbergen. Der Psychologieprofessor Heinz-Rolf Lückert unterscheidet in diesem Zusammenhang vor allem Unterwürfigkeit, Macht- und Geltungsstreben sowie Aggressivität als häufig vorkommmende Masken der Angst.

Eine andere, trotz ihrer weiten Verbreitung immer noch weitgehend unbeachtete Form der sozialen Angst ist – neben der Angst um den Arbeitsplatz – die Angst am Arbeitsplatz. So hat der Begriff des *Mobbings*, der sprichwörtliche Psychoterror am Arbeitsplatz, in den letzten Jahren nicht ganz zufällig eine steile Karriere gemacht. Immer mehr Arbeitskräfte leiden darunter. Nach repräsentativen Umfragen sind fast 50 Prozent der Arbeitnehmer psychosomatisch belastet – das heißt häufig, daß sie mit Psychostreß und Ängsten zu kämpfen haben.

5. Posttraumatische Belastungsstörung

Bei der posttraumatischen Belastungs- oder Streßstörung handelt es sich um eine Angstreaktion auf hochtraumatische, außerhalb des normalen menschlichen Erfahrungsbereiches liegende Ereignisse wie Vergewaltigung, extreme Gewalttätigkeit, Überleben von Flugzeugabstürzen, Kriegserlebnisse oder Folter. Typisch ist bei dieser Reaktion das ungewollte Wiedererleben des traumatischen Ereignisses, besonders des ursprünglichen Gefühls von Schock, Furcht und Horror in Träumen oder Rückblenden. Manchmal kann es dabei auch zu gewalttätigem Verhalten kommen, das durch dem traumatischen Vorfall ähnelnde Reize oder durch Alkohol- und Drogenkonsum ausgelöst wird. Meist erfahren die unter einer posttraumatischen Angststörung leidenden Menschen aber eine emotionale Abstumpfung im Alltag, insbesondere in Form von Entfremdungsgefühlen anderen Menschen gegenüber. Der emotionale Schmerz der traumatischen Erfahrung selbst kann zu Schlaf- und Konzentrationsstörungen führen, zu gesteigerten Schreckreaktionen oder gar zu Schuldgefühlen darüber, selbst überlebt zu haben.

Diese Erkrankung wurde ursprünglich in den Vereinigten Staaten nach dem Vietnam-Krieg als verbreitetes Angst-Syndrom bei Kriegs-Veteranen beobachtet, in den letzten Jahren gewinnt es auch im Zivilleben an Bedeutung: Opfer von Katastrophen, Kriminalität und Terrorismus werden zunehmend psychologisch und psychotherapeutisch betreut.

6. Generalisiertes Angstsyndrom

Bei dem generalisierten Angstsyndrom, auch allgemeine Angststörung, sind überzogene oder irreale Befürchtungen charakteristisch, die sich auf mindestens zwei unterschiedliche Lebensumstände beziehen – beispielsweise eine vermeintliche Krankheit des völlig gesunden Partners sowie die unbegründete Angst vor dem Verlust des Arbeitsplatzes – und mindestens ein halbes Jahr oder auch länger andauern. Zudem erlebt die von der Angststörung betroffene Person mehr angsterfüllte als angstfreie Tage. Das diagnostische Standardwerk DSM-III-R definiert, daß mindestens sechs der folgenden Symptome auftreten müssen, ohne daß dies auf körperliche Ursachen (Schilddrüsen- oder Lungenerkrankung) oder chronisch erhöhten Koffeinkonsum zurückgeführt werden könnte:

Motorische Anspannung:
- Zittern, unwillkürliches Zucken, sich wacklig auf den Beinen fühlen;
- schmerzende Muskelspannung;
- Ruhelosigkeit;
- leichte Ermüdbarkeit und Erschöpfung.

Erhöhte Aktivität des autonomen Nervensystems:
- Beklemmungs-, Erstickungsgefühle oder Atemnot;
- Herzklopfen und beschleunigter Puls;
- schwitzende oder kalte, feuchte Hände;
- Mundtrockenheit;
- Benommenheit oder Schwindel;
- Übelkeit, Bauchschmerzen oder Durchfall;
- Hitzewallungen oder Kälteschauer;
- häufiges Wasserlassen;
- Schluckbeschwerden (Kloß im Hals).

Innere Erregtheit:
- Gefühl der Anspannung;

- übertriebene Schreckhaftigkeit;
- Konzentrationsstörungen oder »Blackouts« wegen Angst;
- Schlafstörungen;
- Reizbarkeit.

7. Angst bei Depression und Zwang

Angst spielt auch bei sehr vielen anderen psychischen Erkrankungen eine große Rolle: bei sexuellen Störungen, dem Borderline-Syndrom (Ich-Störung), Eßstörungen oder Schizophrenien sowie insbesondere bei depressiven und zwanghaften Störungen.

Angst und depressive Zustände

Mediziner, Psychologen und Psychiater gehen prinzipiell davon aus, daß Angststörungen und depressive Zustände oder Erkrankungen in einem häufig engen, wechselseitigen Verhältnis stehen können.

Beispiel:
Eine prototypische Fallgeschichte des Psychologen und Psychiaters Rolf Meermann verdeutlicht die charakteristische Problematik:

Ein 42jähriger Verwaltungsbeamte klagt seit sechs Wochen über zunehmende Antriebsarmut: »Beim Aufwachen liegt der Tag wie ein großer, unüberwindbarer Berg vor mir.« Zusätzlich werden Ein- und Durchschlafstörungen, Appetit- und Gewichtsverlust und zunehmende Minderwertigkeitsgefühle beklagt. »Ich kann nicht mehr richtig fühlen und empfinden.« Darüber hinaus besteht Interesselosigkeit, kein Spaß an alten Hobbies. Die begleitende Ehefrau berichtet über den deutlichen Libidoverlust des Partners während des letzten halben Jahres.

Im Büro sei es zunehmend zu Angst und Unwohlsein gekommen, insbesondere davor, die Arbeit nicht zu schaffen, Angst vor Überforderung, Angst vor Versetzung an einen anderen Arbeitsplatz mit mehr Publikumsverkehr. Auch besteht Angst, die Kollegen könnten seine Unregelmäßigkeiten bei der Arbeit (die unbewiesen sind) bemerken. Im weiteren Gesprächsverlauf klingen vage Schuldgefühle gegenüber der Familie und dem Vorgesetzten an.

Der Patient sitzt mit ernstem, ausdruckslosem Gesicht vor dem Arzt. Er spricht mit leiser und wenig modulierter Stimme und bittet den Arzt um Hilfe, da er sich nicht mehr in der Lage sieht, seiner Berufstätigkeit bei den beklagten Beschwerden weiter nachzugehen.

Auch wenn es noch keine hinreichend gesicherten Erkenntnisse gibt, wie genau Angst, depressive und panische Reaktionen zusammenhängen, ist sicher, daß Depressionen entweder Angst- und Panikzuständen vorausgehen können oder auf Angststörungen folgen. Der Schweizer Psychiater und Depressionsforscher Raymond Battegay beschreibt die Zusammenhänge so: »Angst, Panik, Depression könnten als sich gegenseitig überschneidende Befindlichkeiten aufgefaßt werden, da im Grunde genommen kein depressives Geschehen ohne begleitende Angst oder Panik denkbar ist und keine Panik ohne gleichzeitige lähmende Bedrücktheit, wie auch keine Angst vorstellbar ist, die nicht gleichzeitig das Bedenkliche der Depressivität beinhaltet.«

Angst und Zwänge

Von einer Zwangserkrankung sprechen Psychologen, wenn ein Mensch in seinem Handeln und Erleben gegen seinen Willen von Ideen, Gedanken oder Bildern beherrscht wird. Zwangskranke fühlen sich also in der Tat gezwungen, bestimmte Handlungen immer wieder auszuführen oder bestimmte Gedanken zu denken.

Der Zusammenhang zwischen Zwängen und Ängsten resultiert aus der Tatsache, daß Zwangshandlungen als eine krankhafte Form von Angstvermeidung und Angstflucht zu charakterisieren sind. Das Hauptmerkmal bei Zwangskrankheiten besteht in immer wiederkehrenden Zwangsgedanken oder -handlungen: Während bei Zwangsgedanken oder -vorstellungen in aller Regel die Kontrolle von sexuellen oder aggressiven Impulsen vorherrscht, stehen bei Zwangshandlungen vor allem Wasch- und Kontrollzwänge im Vordergrund.

Charakterisch für das Zwangserleben ist, daß die oft als panisch beschriebene Angst bei Zwangskranken also nicht während der Zwangshandlung auftritt, sondern das ritualisierte Zwangsverhalten gerade der Angstvermeidung dient. Dieses Angstsyndrom unterscheidet den unter Zwängen leidenden Menschen auch vom normalen Kontroll- oder Ordnungsverhalten im Alltag.

Beispiel:
Eine Fallgeschichte des Psychiaters und Psychosomatikers Walter Bräutigam beschreibt charakteristische Probleme und Ängste bei Zwangshandlungen:

»Eine 28jährige Frau wird mit einer seit vier Jahren bestehenden Zwangserscheinungen in die Klinik gebracht. Sie ist seit mehreren Wochen nicht mehr in der Lage, den Haushalt und ihre Familie zu versorgen, sondern völlig besessen von einem Ordnungs- und Kontrollzwang.
Symptome:
1. Beim An- und Ausziehen wird jedes Kleidungsstück besonders behandelt. Vor allem die Unterwäsche muß sie lange anschauen, extrem sorgfältig auf den Stuhl legen oder aufhängen. Sie ist dabei wie besessen, man darf sie auf keinen Fall unterbrechen oder ablenken, sonst muß sie alles sofort wiederholen. Selbst wenn sie schließlich im Bett liegt, muß sie noch mehrfach aufstehen und kontrollieren, meistens dieselbe Handlung wiederholen. Besondere Aufmerksamkeit gilt dabei dem Gürtel, den sie

sorgfältig und langsam löst und ganz ordentlich über den Stuhl hängt. Außerdem ordnet sie die Bettwäsche im Schrank oft mehrere Stunden lang, immer wieder besessen von dem Gedanken, daß alles ganz sauber und tadellos sein müsse. Danach muß sie ihrem Mann ganz genau erzählen, wie sie es gemacht hat. Wenn er mehrfach betont den Satz wiederholt: »Es ist schon alles in Ordnung«, so kann ihr das manchmal helfen.

2. Sie muß mehrmals am Tag ihre Handtasche ausräumen und genau kontrollieren, nachzählen, ob alle Gegenstände noch da sind.

3. Ausgelöst werden diese Zwänge in der letzten Zeit durch gewisse Worte wie »fort, weg, raus«. Sie selbst meidet diese Worte schon, aber wenn jemand in der Umgebung sie ausspricht, muß sie gleich ihre Tasche oder ihre Kleidung kontrollieren.

»Wenn ich dem Zwang nicht folge, bekomme ich wahnsinnige Angst, es könne mir etwas passieren. Wenn ich die Handlungen mache, vermeide ich aber auch, daß anderen etwas passiert.«

Zwangsstörungen auf der Gedankenebene betreffen häufig die Angst vor Schmutz und Ansteckung, oft auch die zwanghafte Vorstellung, öffentlich obszöne Dinge zu tun (Frauen an die Brüste greifen; verpönte Worte zu benutzen); jeder vierte Zwangskranke leidet unter Gewaltvorstellungen, jemandem etwas anzutun – beispielsweise das eigene Kind zu töten.

Etwa vier von fünf Zwangskranken leiden sowohl unter Zwangsgedanken sowie -handlungen – Rituale ohne Zwangsgedanken sind daher die Ausnahme; Zwangsgedanken können zudem den -handlungen vorausgehen oder umgekehrt.

IV. Ursachen von Angst

1. Organische und psychophysiologische Ursachen

Bei der Frage nach den Entstehungsbedingungen von Ängsten muß zuerst geklärt werden, ob rein organische Gründe eine Rolle spielen.

So ist klinisch bekannt, daß vor allem folgende körperliche Beeinträchtigungen Angstsymptome hervorrufen oder verstärken können:

- Erkrankungen der Atmungsorgane wie Asthma oder Bronchitis.
- Störungen der Schilddrüse, wobei sich vor allem eine Schilddrüsenüberfunktion (Hyperthyreose) aufgrund möglichen Gewichtsverlustes und Schlafmangels angstfördernd auswirken kann.
- Niedriger Blutzucker (Hypoglykämie), die bei Diabetikern durch falsch eingestelltes Insulin hervorgerufen werden kann oder durch Streß, aber auch durch Mangelernährung.
- Erhöhte Adrenalinproduktion aufgrund gestörter Nebennierenfunktionen führt rein körperlich bereits zu panik- und angstähnlichen Symptomen.
- Störungen im Ohr, vor allem in Zusammenhang mit dem sogenannten Meniers-Syndrom, das Schwindel- und auch Verwirrtheitszuständen auslösen kann.
- Suchtkrankheiten, vor allem bei Entzug.
- Neuere Untersuchungen legen zudem nahe, daß vor allem beim Paniksyndrom aber auch bei anderen Angststörungen bisher ungeachtet gebliebene allergische Dispositionen beim Angstpatienten entscheidenden Einfluß haben können.

Angst und Genetik

Da verschiedene Phobien (vor Blut, Schlangen oder Spinnen) kulturunabhängig und -übergreifend auftreten, vermuten einige Verhaltensforscher, daß diese ängstlichen Reaktionsmuster angeboren sein könnten – als ein Erbe aus Zeiten, in denen die Überlebenschanchen unserer Vorfahren durch solche Ängste begünstigt wurden. Für die genetische Disposition spricht vor allem auch das aus der Tierzucht bekannte Phänomen, daß die selektive Zucht von Tieren zu Spielarten führen kann, die entweder von Geburt an äußerst furchtlos (Kampf- und Killerhunde) oder extrem furchtsam sind.

Gewisse Verhaltensweisen von Babies scheinen ebenfalls zu bestätigen, daß Angst und Furcht angeboren sind. So vermeiden Babies, über einen glasplattenbedeckten Tisch zu laufen, wenn darunter ein Abgrund sichtbar ist – ohne vorher die Erfahrung von Tiefe oder gar (Hinunter-)Fallen gemacht zu haben. Für die These einer genetischen Disposition spricht zudem, daß in der Familiengeschichte von Betroffenen häufiger Fälle von Angststörungen oder Depressionen auftraten als in anderen.

Solche körperlichen Hintergründe als mögliche Angstherde sollten daher ärztlich diagnostiziert und gegebenenfalls behandelt werden.

Unter psychophysiologischen Vorzeichen kann eine sogenannte vegetative Dystonie für das Angsterleben verantwortlich sein. Das Zusammenspiel und Gleichgewicht von Sympathikus und Parasympathikus des autonomen Nervensystems ist bei Angstpatienten mit einer vegetativen Dystonie gestört, weil der sympathische Aktivierungs- und Erregungsmodus überwiegt.

Visuelle Klippe

Daß sich Babies weigern, über diesen "Abgrund" zu krabbeln und auch bei unerfahrenen Jungtieren eine solche Tiefenangst zu beobachten ist, bestätigt Verhaltensforschern, daß diese Angst angeboren ist.

2. Psychologische Ansätze

In der Psychologie waren es lange vor allem drei große Schulen, die sich intensiv mit den Hintergründen und Entstehungsbedingungen von Angst beschäftigt haben:

- Die tiefenpsychologische Richtung der von Sigmund Freud gegründeten Psychoanalyse und ihrer »unbewußten« Verursachung von Ängsten.
- Die auf behavioristischen Lerntheorien über verschieden konditionierte Reiz-Reaktions-Mechanismen beruhende Verhaltenstherapie.
- Die modernen kognitiven Ansätze, bei denen die Rolle »falscher«, irrationaler und wirklichkeitsunangemessener Denk- und Motivstrukturen, Vorstellungen oder Überzeugungen bei der Entstehung von Angst im Vordergrund stehen.

Es ist allerdings in den letzten Jahren deutlich geworden, daß die verhaltenstherapeutischen Ansätze die kognitiven Konzepte sowohl theoretisch, vor allem aber praktisch sehr wirksam zu integrieren verstanden. Daher unterscheidet man heute gerade bei Angststörungen teilweise nur noch tiefenpsychologische Ansätze von integriert kognitiv-verhaltenstherapeutischen oder kognitiv-behavioralen Konzepten. Bei der folgenden Darstellung vor dem Hintergrund der Fragen nach der Entstehung von Angststörungen ist wegen der besseren Übersichtlichkeit und Verständnis die alte »Drei-Teilung« beibehalten.

Psychoanalytische Ansätze

Freud unterschied – grob skizziert – die grundlegend normale Realangst von einer neurotischen Angst, bei der Angst als »Signal« eines tieferliegenden, irrealen und neurotischen Konfliktes erlebt wird, der unbewußt nur unzureichend verarbeitet und verdrängt wurde.

Die Verdrängung basiert auf den unbewußt ablau-

Projektion

Bei der Projektion handelt es sich um die Übertragung eigener Unzulänglichkeiten und unmoralischer Wünsche auf andere. An sich selbst nicht akzeptierte und angsterregende Gedanken oder Impulse werden unbewußt dem anderen zugeschoben.

fenden Abwehrmechanismen, die das seelische Gleichgewicht garantieren sollen, indem sie bedrohliche Triebansprüche des »Es« oder Moralforderungen des »Über-Ichs« an das Ich abwehren.

Zu den verschiedenen Abwehrmechanismen sind neben der Verdrängung vor allem die *Projektion* und die sogenannte *Reaktionsbildung* zu erwähnen:

Prinzipiell wird unter psychodynamischen Vorzeichen der ursprüngliche Angstgrund verdrängt und auf einen anderen Gegenstand verschoben. Angst im Sinne einer neurotischen Angststörung wird daher immer dann erlebt, wenn die durch den Grundkonflikt aktivierten psychischen Abwehrmechanismen versagen.

Lerntheoretische Erklärung

In den sogenannten lerntheoretischen oder behavioristischen Konzepten – auf die sich die Verhaltenstherapie

Reaktionsbildung

Angstbeladene Wünsche werden entschärft, indem gegenteilige Verhaltensweisen überbetont und als Schutzwall verwendet werden. So kann ein Kind aus Angst, von unerträglichen Impulsen wie Haß überflutet zu werden, auf einen Bruder oder eine Schwester mit übertrieben liebevoller Zuwendung reagieren.

theoretisch gründet – werden Ängste als erlernte Reaktionen des Organismus auf angstauslösende Reize verstanden. Dabei ist vor allem die sogenannte Zwei-Phasen- oder -Faktoren-Lerntheorie von O. H. Mowrer das grundlegende Erklärungsmodell.

In einer ersten Phase kommt es dabei zur Verknüpfung eines neutralen mit einem aversiven (unangenehmen) Reiz. Wenn ein vorher harmloser Hund (neutraler Reiz) etwa jemanden plötzlich bedroht oder beißt, wird aus dem unkonditioniert neutralen Reiz ein erlernter Schreckreiz, der wiederum zu der unangenehmen Reaktion Angst führt. Im Sinne einer Reizgeneralisierung ist die erlebte Angst bald nicht mehr auf die ursprünglich ängstigende Situation beschränkt. Angst vor Hunden wird nach einer solchen Konditionierung auch dann erlebt, wenn irgendein Hund erscheint. Ein spezifisches Schreckerlebnis (Bellen oder Beißen) ist zum Angsterleben nicht mehr notwendig:

konditionierter Stimulus		konditionierte Reaktion
Hund	⟶	Angst
(CS)		(CR)

In einer zweiten Phase kommt es zur eigentlichen Angststabilisierung und der für die Angststörung typischen Vermeidungsreaktion: Durch instrumentelles Lernen wird nämlich die Vermeidung der Angstsituation belohnt (positiv verstärkt), weil sie die Angst reduziert.

Kognitive Ansätze

Alle sogenannten kognitionspsychologischen Ansätze beruhen darauf, daß bei einem Angsterlebnis immer eine innere kognitive (gedankliche, wahrgenommene, gefühlte, vorgestellte) Dimension beteiligt ist. Diese kognitiven Anteile können bei der Angstentstehung aufgrund sehr kurzfristiger Wahrnehmungen – der Gedanke an einen brennenden Kochtopf kann sofort in hellster Aufregung und Panik in die Küche stürzen lassen – oder aber in Form unbewußter lebensgeschichtlicher Erfahrungen wirken.

Eine sehr wichtige Rolle bei der kognitiv vermittelten Angstentstehung spielt die sogenannte Angst vor der Angst. Die Angst vor der Angst ist der klassische Fall eines sich selbst negativ verstärkenden Teufelskreises: Da das Erleben von Angst gleichzeitig auf einer physiologischen, einer gedanklichen und einer verhaltensbezogenen Ebene abläuft und diese Erlebnisebenen im Sinne der leibseelischen Ganzheitlichkeit des Menschen mehr oder weniger eng miteinander verknüpft sind und sich wechselseitig beeinflussen können, genügt bei vielen Menschen bereits die alleinige Vorstellung eines angstbesetzten Reizes, um panische Ängste hervorzurufen. Interpretiert zum Beispiel jemand sein nach zwei Treppenstiegen schneller schlagendes Herz aufgrund früherer Angsterfahrungen in einem ängstlichen Sinne, kann dieser Gedanke genügen, um die einzelnen Rädchen des

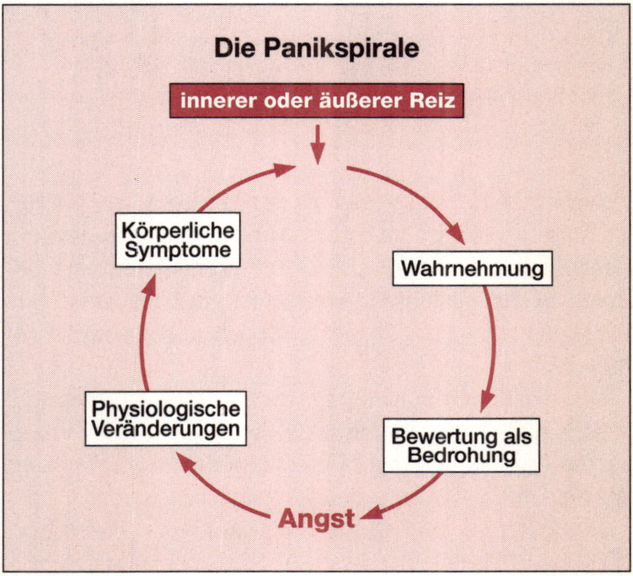

Angst und negatives Denken

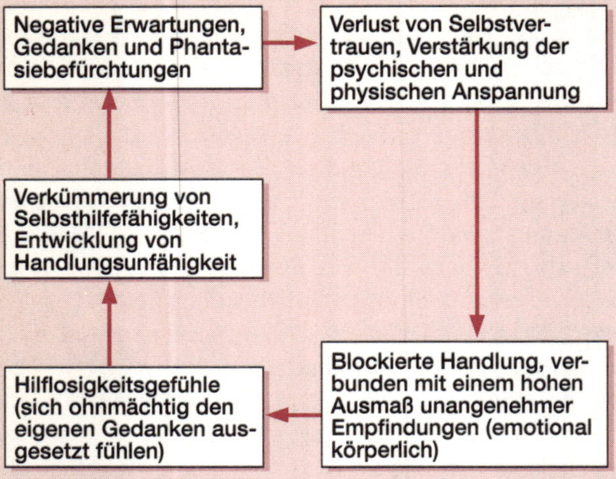

Der Teufelskreis unangemessener kognitiver Wahrnehmungen und Befürchtungen führt zu Angst und zunehmender Handlungsunfreiheit.

gesamten Horror-Räderwerkes des Paniksyndroms in Bewegung zu setzen. Und das, obwohl objektiv absolut kein Grund zu einer furchtvollen, ängstlichen Reaktion besteht, da der gesteigerte Herzschlag auf die verstärkte körperliche Anstrengung des Treppensteigens zurückzuführen ist.

Wie stark sich solche kognitiven Befürchtungen und ängstlichen Erwartungen insgesamt auswirken können, hat die Angstpsychologin Gina Kaestele in dem Kreislauf des Negativen Denkens beschrieben.

Im einzelnen sind in diesem kognitiven Teufelskreis der Angst folgende Erfahrungsmomente unterscheidbar:

- Man erlebt in einer Situation negative Gefühle, ängstigt sich oder fühlt sich hilflos.
- Die angstbesetzte Phantasie entwickelt verzerrte Wirklichkeitsbilder mit negativen Gefühlen, Stimmungen und Vorstellungen.
- Die Folge sind vor allem: sich selbst verstärkende körperliche wie psychische Angstsymptome und ein vermindertes Selbstwertgefühl.
- Diese negativen Erfahrungen verschlimmern wiederum die Gefühle von Hilflosigkeit und unsicherem Selbstwert, die Fähigkeit zum eigenen Handeln wird immer mehr beeinträchtigt.
- Sobald eine vergleichbare Situation wieder erlebt wird, steigern sich die negativen Erwartungen.

Von entscheidender Bedeutung bei kognitiven Ansätzen ist, daß die gedankliche Interpretation und Wahrnehmung der Dinge häufig erst zu einem Angsterleben führt. Wir glauben also etwas Negatives, fürchten und ängstigen uns vor anderen Menschen oder Krankheit, ohne daß dies auch in Wirklichkeit so ist oder sein müßte. Psychologen und Angsttherapeuten betonen daher, wie wichtig es ist, sich der Rolle dieser Erwartungsangst bei der Aufrechterhaltung von Angststörungen bewußt zu werden.

Motivationale Aspekte

Bei der Frage nach der Entstehung von Angststörungen sind neben den beschriebenen Ansätzen vor allem auch motivationspsychologische Hintergründe zu beachten. Versucht man unter motivationalen Aspekten nach dem häufig verborgenen Sinn, dem eigentlichen Zweck der Angsterkrankung zu fragen, zeigt sich oft, daß das Erleben, Äußern und Aufrechterhalten von Angst den Ängstlichen auch schützt: vor der Auseinandersetzung mit anderen Problemen etwa. Die Krankheitssymptomatik kann in solchen Fällen für den Patienten notwendig sein, um schlimmere Probleme zu vermeiden, Konflikte abzuwehren und von anderen Unterstützung oder Zuwendung zu erhalten. Die Angststörung wird zwar auch dann als belastend und schlimm erlebt – aber vergleichsweise weniger bedrohlich als die bewußt oder unbewußt erwarteten Probleme in Gestalt beispielsweise eines Konfliktes mit dem Partner, den Kindern, dem Beruf, einem Ortswechsel oder anderen inneren Konflikten.

Wie der Psychiater Holger Flöttmann untersucht hat, können solche motivationspsychologisch bedingten Flucht- und Vermeidungstendenzen sich dabei paradoxerweise auch als verstärkte Suche nach vermeintlich angstlösender Geborgenheit und Bindung – an Familie, Partner, Institutionen – zeigen. Dabei ist das Problem zunehmender Abhängigkeiten, der Verlust von Selbstverantwortung und eigenständigem Verhalten besonders zu berücksichtigen. Beim Ausweichen, Leugnen und Verdrängen der Angst liegt der Fluch der Flucht darin, daß sie zwar kurzfristig zu helfen scheint; mittel- und langfristig allerdings stagnieren menschliches Wachstum und Weiterentwicklung, es kommt zu einem Verlust an Selbstvertrauen, zunehmender Hilflosigkeit und Unsicherheitsgefühlen.

Bei der Angstentstehung können motivationale Aspekte darüber hinaus im Zusammenhang mit dem sogenannten Leistungsverhalten und den Verhaltensdispositionen Angst vor (Miß-)Erfolg oder Hoffnung auf Erfolg eine wichtige Rolle spielen. Der elementare Unterschied liegt einmal in der Zielsetzung jeweiliger Handlungen begründet – leichte, mittelschwere, sehr schwere Aufgaben –, zum zweiten resultiert er aus der Art und Weise, wie Menschen ihr Leistungsverhalten begründen.

Die für die Angstentstehung wichtigen Zusammenhänge kann man sich vor folgendem Hintergrund bewußt machen. Die Ergebnisse menschlichen Leistungsverhaltens in allen Bereichen (ob in Alltag, Beruf, Hobby oder

Hochleistungssport) sind immer auf vier Kategorien zurückführbar: in einem persönlichkeitsbezogenen Sinne sind das konstant bleibende Begabungen sowie andererseits die jeweilige Anstrengung. Wer etwas erreicht hat und diesen Erfolg mehr auf Anstrengung als auf Begabung zurückführt, fühlt sich in aller Regel zufriedener.

Die beiden anderen Möglichkeiten liegen außerhalb des Handelnden: entweder sind die Aufgaben zu schwer oder zu einfach, oder sie sind rein zufällig (wie gutes oder schlechtes Wetter, Krankheit und so weiter).

Wer in seinem Handeln positiv, aktiv und selbstsicher ist, hat eher Hoffnung auf Erfolg, indem er sich realistische, mittelschwere Ziele setzt, die bei einiger Anstrengung auch zu erreichen sind.

Da dieses Grundprinzip immer gilt, ergibt sich für den Erfolgsängstlichen, daß er aufgrund früherer Mißerfolge, Verletzungen oder ähnlichem ein zunehmendes Vermeidungsverhalten entwickelt: So sind seine Zielsetzungen entweder zu einfach oder zu schwer; ein Scheitern im letzteren oder ein Gelingen im leichten Fall sind beide bedeutungslos – Rückmeldungen über ihn selbst ermöglichen sie nicht. Andererseits begründet der (Miß-)Erfolgsängstliche positive Leistungen und Erfolge immer äußerlich – er hat eben Glück gehabt, reiner Zufall und so weiter.

Bei vielen ängstlichen Verhaltensweisen insbesondere im Zusammenhang mit sozialen Ängsten wie der Prüfungsangst ist diese Angst vor Mißerfolg nachzuweisen.

3. Streß und Angst

Kaum ein wissenschaftlicher Begriff ist in diesem Jahrhundert so bekannt geworden wie der von Nobelpreisträger Hans Selye erstmals im Sinne des sogenannten Allgemeinen Adaptionssyndroms (AAS) beschriebene Streß.

Vereinfacht ausgedrückt, versucht der Organismus dabei in einer Alarmreaktion auf Bedrohungen durch eine Reihe automatischer physiologischer Reaktionen (Adrenalinausschüttung, Pulserhöhung usw.) sein normales Funktionieren oder Gleichgewicht wiederherzustellen.

Damit Streß erfahren wird, müssen zuerst die Stressoren identifiziert werden – und dies ist abhängig von der jeweiligen subjektiven Bewertung. Während laute Rockmusik für manche eine anregende und lustvolle Angelegenheit darstellt, ruft der Lärm bei anderen dagegen Ärger, Angst und Schrecken hervor. In anderen Worten: Streß ist nicht gleich Streß. Selye unterscheidet daher prinzipiell zwischem dem schädlichen Distreß und dem positiven, vitalisierenden Eustreß im Sinne von Herausforderung, Engagement, Hingabe, Interesse oder Leidenschaft. In Abhängigkeit von der subjektiven Bewertung sind also zwei Streßreaktionen zu differenzieren – am Beispiel der Musikwahrnehmung ergäbe sich folgendes vereinfachtes Streßschema:

Ein differenziertes Bild unter psychologischen Vorzeichen zeichnet das Allgemeine Streßmodell des amerikanischen Psychologen Richard Zimbardo:

Auf äußere oder innere Belastungsreize (Stressoren) reagiert das Individuum demnach auf verschiedenen Ebenen mit Streßreaktionen – und Angst. Es versucht, diese Belastung durch Mobilisierung verschiedener Ressourcen (eigene Fähigkeiten, Freunde, Medizin usw.) zu bewältigen. Es ist zu betonen, daß die verschiendenen Stressoren – die physischer (Bakterien, Viren, Verletzungen, Wunden), psychischer (innere Konflikte, Belastungen) oder sozialer Natur (Wettbewerb, Arbeitslosigkeit) sein können – in aller Regel erst dann zur Streßreaktion führen, wenn sie vom Individuum als Stressoren bewertet und interpretiert werden.

In der Grafik »Streß-Angst-Modell« wird besonders deutlich, warum Streß bei der Entstehung von Angst so

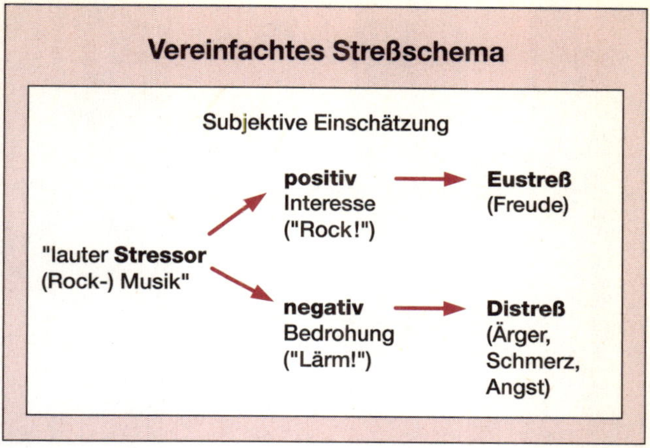

wichtig ist. Neben dem beschriebenen gedanklichen Teufelskreis Angst vor der Angst spielt bei der Angstentstehung auch der Teufelskreis von allgemeiner Anspannung und Streß eine große Rolle. Angst ist streßabhängig, erhöhte Streßbelastung macht angstanfälliger und kann zu Angststörungen führen, während Angsterleben selbst starken Streß bedeutet – und seinerseits den Streßpegel erhöht.

In Untersuchungen über die physiologisch-körperlichen und psychosoziale Stressoren, die beim Erstauftreten einer Panikattacke beteiligt sind, fanden Psychosomatiker folgende kritische Lebensereignisse:

- Tod oder schwere Krankheit eines nahen Angehörigen oder Freundes;
- Psychosoziale Belastungen wie Scheidung, Partnerschaftsprobleme, Probleme am Arbeitsplatz, Kündigung, Arbeitslosigkeit, Prüfungssituation etc.;
- Physiologische Dysregulation durch von Kaffeekonsum, Kater nach starkem Alkoholkonsum, Sport, Prämenstruationsproblem, nachoperative Phase oder Übermüdung.

Allgemeines Streßmodell

Stressor

Typ:
Physisch
Psychisch
Sozial

Dimension:
Intensität
Dauer
Häufigkeit
Vorhersagbarkeit

Kognitiv
Bewertu

Physiologisch

- Gesteigerte Alarmbereitschaft
- Krankheitsanfälligkeit
- Allgemeines Adaptionssyndrom (AAS)
- Erkrankung der Herzkranzgefäße
- Erschöpfung
- Vorzeitiger Tod

Verhalten

- Gesteigertes Aktivitätsniveau
- Problemlöseaktivitäten
- Verhaltensunterbrechung oder -hemmung
- Rigide, stereotype Verhaltensweisen
- Selbstzerstörerisches Verhalten (Drogenmißbrauch, Selbstmord)
- Soziales Verhalten (Vermeidung von Kontakten, Mißbrauch anderer, Suche nach Hilfe)

Person

Physiologische Merkmale:
Physische Gesundheit
Konstitutionelle Anfälligkeit

Psychische Merkmale:
Seelische Gesundheit
Temperament
Selbstkonzept, Gefühl der Selbstwirksamkeit, Selbstwert

Kulturelle Merkmale:
Kulturell vorgegebene Definitionen
Kulturelle Bedeutungen
festgelegte Verhaltensweisen, erwartete Reaktionsstile

Kognitive Bewertung

Ressourcen

Materielle:
Geld
Medizinische Versorgung

Persönliche Kompetenzen:
Fertigkeiten
Bewältigungsstil

Soziale:
Soziale Netzwerke
Professionelle Unterstützung

Mögliche Reaktionen

Emotional

- Furcht, Angst, Wut
- Abwehrmechanismen des Ich (Verleugnung, Abwertung der Bedrohung)
- Ausgebranntsein (burnout)

Kognitiv

- Planung
- Kreatives Denken
- Kognitive Neubewertung
- Einschränkung der Wahrnehmung, Rigidität
- Selbstbewertung

Streß-Angst-Modell

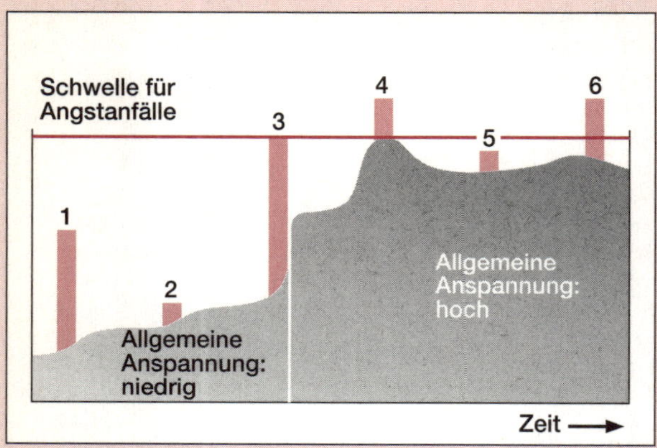

Bei allgemein niedrigem "Sreß- und Belastungspegel" führen nur starke Stressoren (3) zu Angst oder Angstanfällen; alltägliche Stressoren (1 und 2) bleiben folgenlos.
Bei allgemein hoher psychosozialer Belastung und Streß – im Falle kritischer Lebensereignisse etwa – wird die Schwelle zu einer offenen Angstreaktion sehr viel schneller überschritten: ansonsten eher unbedeutende Stressoren (4 und 6) können nun bildlich gesprochen, das "Faß zum Überlaufen" bringen.

Im Falle des schädlichen und krankmachenden Distreß hat der Streßforscher Richard Lazarus folgendes Stufenmodell der kognitiven, also gedanken- und wahrnehmungsbezogenen Bewertung von Stressoren unterschieden: In einer

(1) primären Bewertung wird vom Individuum die Situation als streßreich eingeschätzt, wenn negative Folgen (Angst, körperliche Verwundung u. ä.) eingetreten sind oder zu erwarten sind – es entsteht also Handlungsbedarf.
(2) In der sekundären Bewertungsphase beurteilt das Individuum die persönlichen und sozialen Ressourcen,

die zur Bewältigung der Streßsituation eingesetzt werden können. Führt eine erste Hilfsaktion nicht zum Erfolg, werden weitere Versuche unternommen.

(3) Der unangenehme Zustand des chronischen Stresses ist erreicht, wenn der negative Erregungs- oder Angstzustand trotz weiterer Anstrengungen als nicht bewältigt beurteilt wird.
Das heißt: Bewußt oder unbewußt ziehen wir eine für uns negative Bilanz – das Potential an vorhandenen Bewältigungsmöglichkeiten genügt nicht, die Herausforderungen unschädlich zu machen. Diese subjektive Interpretation muß aber ganz und gar nicht der Situation angemessen sein – und oft machen wir uns mit verzerrten Beurteilungen das Leben selbst schwer.

Im folgenden wird zu zeigen sein, daß man gerade diesem gedanklichen Teufelskreis der Angstentstehung wirksam entgegentreten kann.

V. Behandlungsmöglichkeiten von Angstzuständen

Die Überschrift müßte genauer lauten: Was man mit der Angst tun kann. So betont der Psychiater Klaus Dörner aufgrund langjähriger Erfahrung nachdrücklich: »Gegen Angst kann man aber gar nichts machen, genau so wenig wie gegen andere Gefühle, zum Beispiel Liebe. Wer versucht, gegen seine Angst etwas zu machen, der verdrängt bzw. steigert nur seine Angst.« Die Angst ist also nicht mehr als Feind zu betrachten, sondern vielmehr sollte man versuchen, in ihr einen zeitweisen Lebensbegleiter zu sehen. Im übertragenen Sinne beurteilen dies viele Angstpsychologen ähnlich (»Umarme Deine Angst« heißt bezeichnenderweise ein neueres Angstbuch). Es kann nicht darum gehen, die Angst abzuschaffen, vielmehr sollte man sie als nachdrücklichen Hinweis dahingehend verstehen, daß Handeln erforderlich ist.

Therapeuten und Diagnostiker betonen, daß vor jeder Angstbehandlung geklärt werden muß, ob überhaupt eine Angststörung im engeren Sinne vorliegt. Das heißt vor allem, die Möglichkeit zu prüfen und auszuschließen, daß die erlebten Ängste im Rahmen anderer psychischer Störungen wie Eßstörungen, Depressionen oder Psychosen auftreten.

1. Medikamentöse Behandlung

Bei Medikamenten ist immer Vorsicht geboten – bei Angststörungen allerdings um so mehr, da es sich hier in aller Regel um tief in das psychische Erleben eingreifende Psychopharmaka handelt. Es ist daher von grundlegender Bedeutung, daß der medikamentösen Behandlung bei Angststörungen immer nur eine Krückenfunktion zukommt – die allerdings gegenüber psychotherapeutischen

Ärzte und Angstsymptome

Nachdenklich stimmt die Klage vieler Angsttherapeuten, die auf einer Fachtagung in Eltville Anfang 1994 öffentlich vorgetragen wurde: Viele niedergelassene Ärzte verhindern demnach häufig eine sinnvolle therapeutische Behandlung von Angststörung, weil sie das Problem schlicht nicht erkennen. So kommen immer häufiger chronisch angstkranke Patienten in psychotherapeutische Behandlung, die von ihren Hausärzten jahrelang falsch, in der Regel medikamentös oder gar nicht behandelt worden sind.
Die Ärzte, so die Kritik des Hamburger Psychiaters Iver Hand, hinkten der Entwicklung etwa »ein bis zwei Jahrzehnte hinterher«, seien nur schlecht oder gar nicht auf Angststörungen und ihre Therapierbarkeit vorbereitet. Ärzte haben vor allen Dingen aus überkommenen, standespolitischen Gründen immer noch Berührungsängste vor effizienten Verfahren wie der Verhaltenstherapie – weil diese eben psychologisch sind und nicht medizinisch.
Aber viele Angstpatienten wenden sich immer noch nicht an einen Psychologen, wenn sie Rat suchen, sondern an einen Arzt, im allgemeinen den Hausarzt. Experten schätzen, daß etwa zehn bis zwölf Prozent der Patienten von Allgemeinärzten mit Angstsymptomen in die Sprechstunden kommen. Viele Ärzte erkennen aber die primär psychologische Angstproblematik nicht. Folge: Die meisten an sich gut behandelbaren Angststörungen werden erst sehr spät richtig diagnostiziert und behandelt. »Erst nach durchschnittlich sechs bis sieben Jahren«, so der Würzburger Epidemiologe Michael Osterheider, »wird eine adäquate Therapie begonnen, bis dahin durchlaufen die Betroffenen eine regelrechte Odyssee«.

Methoden den unbestrittenen Vorteil der Sofortwirkung haben können. Die Nachteile überwiegen jedoch: erhebliche Nebenwirkungen und Suchtgefahr. Darüber hinaus behandeln Medikamente nur äußere Symptome der Angststörungen, nie aber deren zugrundeliegende Ursachen.

Einen etwas anderen Umgang mit Pillen hat die britische Psychotherapeutin Sue Breton kultiviert. In ihrem Buch »Angst als Krankheit« gibt sie den Tip, die Angstpillen immer mit sich zu führen, nicht um sie zu schlukken, sondern nur um für den Notfall gewappnet zu sein, als letztes Mittel gegen die Angst vor der Angst.

In einer zusammenfassenden Übersicht lassen sich bei den Psychopharmaka vor allem vier biochemische Stoffklassen der medikamentösen Angstbehandlung unterscheiden:

1. Benzodiazepine – auch Tranquilizer – wie Diazepam (Valium), Lorazepam (Tavor) oder Alprazolam (Tafil). Ihnen wird die beste psychische angstlösende Wirkung zugeschrieben. Sie wirken zudem bei den angstbegleitenden Symptomen wie Unruhe, Gereiztheit, Spannungen und Schlafstörungen. Benzodiazepine sind deswegen so wirksam, weil sie direkt im Gehirn in wichtige, dämpfende neurologische Übertragungsmechanismen einwirken. Benzodiazepine können deswegen auch abhängig machen.
   Nebenwirkungen: Schwindel, Müdigkeit, Unrast – Suchtgefahr.
2. Thymoleptika – oder trizyklische Antidepressiva – wie Imipramin oder Clomipramin helfen vor allem gegen Panikattacken und Zwangsstörungen, bei denen auch depressive Verstimmungen erlebt werden. Diese Medikamente wirken im Gehirn vor allem auf den Serotoninstoffwechsel, ebenfalls ein wichtiger Botenstoff mit hemmender Wirkung.

Prozac

Unter dem Namen Prozac wird seit einigen Jahren vor allem in den USA der Prototyp einer neuen Medikamentengeneration und psychopharmakologischen »Wunderpille« gefeiert. Mit dem Antidepressivum – bei uns als »Fluctin« bekannt – wurden seit 1988 weltweit etwa zehn Millionen Menschen, davon gut die Hälfte in den USA, behandelt. Am wirkungsvollsten ist sie bei mäßigen Depressionen, Angstzuständen, Zwangsverhalten, Streßbelastungen oder mangelndem Selbstwertgefühl. Im Gegensatz zu seinen berühmten Vorgängern Lithium oder Valium soll Prozac insbesondere keine gesundheitlich negativen Nebenwirkungen haben. In die öffentliche Diskussion geriet Prozac allerdings vor allem, weil das neue Psychopharmaka die biologische Funktionsweise des Gehirns und des Körpers so zu verändern scheint, daß die Patienten nicht nur symptomfrei werden – sondern sich »besser als gut« fühlen: Prozac-Patienten haben das Gefühl, endlich ihr »wahres Selbst« leben zu können und nicht länger durch Ängste, Hemmungen, negative Stimmungen behindert zu werden.
Die anfängliche Euphorie über die gefeierte Wunderdroge ist aber längst einer gewissen Ernüchterung gewichen. Experten halten die Wirksamkeit von Prozac für stark überschätzt, und Kritiker verweisen auf fehlende aussagestarke Langzeituntersuchungen – vor allem aber auf wiederholt ausgebliebene Erfolge bei eigenen Prozac-Untersuchungen. In den USA beginnt man gar heftig zu diskutieren, ob die vermeintliche »Glücksdroge« Prozac nicht für einige Selbstmorde verantwortlich ist und so auf längere Sicht eben nicht in den Himmel, sondern geradewegs in die Hölle führt.

Nebenwirkungen: Müdigkeit, Blutdruckabfall, epileptische Episoden, Harnsperre.

3. Neuroleptika wie Chlorpromazin, Haloperidol, Fluphenazin oder Neurocil werden vor allem gegen schizophrene und psychotische Erkrankungen eingesetzt. Daß sie bei der Behandlung von Angststörungen eine Rolle spielen, erklärt sich neben einer zu beobachtenden angstlösenden Wirkung aus der Tatsache, daß sie im Gegensatz zu Benzodiazepinen nicht süchtig machen.

   Dafür können sie aber sehr schwere Nebenwirkungen hervorrufen:

   Schwindel, Desorientierung, Bewegungsstörungen, Muskelzittern, niedriger Blutdruck, epileptische Anfälle, Lichtempfindlichkeit oder Dyskinesien wie Grimassieren, Kiefersperre und dem Verlust der Mimik.

4. Betablocker sind zwar nicht unmittelbar angstlösend, können aber körperliche (Angst-)Symptome wie Herzrasen oder Schwitzen mildern.
   Nebenwirkungen: Kopfschmerzen, Schlafstörungen, Müdigkeit.

Die überwiegende Mehrzahl der Angstforscher und -therapeuten sieht in einer Kombination pharmako- mit psychotherapeutischen Methoden die wirksamste Therapiemöglichkeit.

Denn Psychotherapie alleine könne bei Angststörungen manchmal – so der Göttinger Arzt und Psychologe Borwin Bandelow – »ohne medikamentöse Unterstützung sein wie Schwimmenlernen in einem Fluß von Piranhas«.

Rolf Meermann, leitender Arzt der Psychosomatischen Fachklinik Bad Pyrmont, formuliert aus ärztlicher Sicht *Sieben Gebote im Umgang mit Benzodiazepinen*, die auch Angstpatienten kennen und beachten sollten:

Sieben Gebote im Umgang mit Benzodiazepinen

1. Strenge Indikationsstellung.
2. Kurze Verordnungsdauer.
3. Keine Verschreibung an Patienten mit Suchtproblematik.
4. Niedrige Dosierung.
5. Nach langdauernder, das heißt, mehrmonatiger Anwendung von Benzodiazepinen schrittweise Dosisreduktion.
6. Alle Abhängigkeitsfälle an die Arzneimittelkommission der deutschen Ärzteschaft melden.
7. Aufklärung der Patienten, daß verordnete Benzodiazepine keinesfalls an Dritte weitergegeben werden dürfen.

2. Therapeutische Hilfen

Angststörungen können psychotherapeutisch sehr effektiv behandelt werden.

Neuere Studien belegen, daß Psychotherapien bei Angststörungen in 65 bis 90 Prozent der Fälle dauerhafte Besserung und Hilfe ermöglichen – vor allem die integriert kognitiv-verhaltenstherapeutischen Behandlungskonzepte haben sich als sehr wirksam erwiesen. Im folgenden soll daher vor allem dieser Ansatz neben der Freudschen Psychoanalyse kurz beschrieben werden, um die Vorstellung einer möglichen Angsttherapie zu vermitteln.

Prinzipiell gilt allerdings, daß praktisch alle therapeutischen Verfahren – die systemische Familientherapie beispielsweise, die humanistische Gesprächstherapie, das Psychodrama, Gestalttherapie oder körpertherapeutische Methoden wie die Bioenergetik – therapeutische Hilfe bei Angststörungen leisten.

Psychoanalyse

Die von Sigmund Freud begründete Psychoanalyse wird von Laien auch bei der Angstbehandlung vielfach noch als die klassische Psychotherapie eingeschätzt. In der Psychoanalyse gilt das Ich als eine Angststätte (Freud), dem durch Angstsignale aus der Außenwelt (Realangst), den Trieben des Es (neurotische Angst) und den Bedrohungen des Über-Ichs (Gewissensängste) Furchtgefühle eingeflößt werden. Diese versucht das Ich über verschiedene Verdrängungsmechanismen unschädlich zu machen. Bleiben vor allem traumatische Angsterfahrung der Kindheit und frühen Jugend unverarbeitet, können sie sich später in frei florierenden Ängsten, Agoraphobien oder panischen Episoden bemerkbar machen. Durch das Prinzip des Erinnerns, Wiederholens und Durcharbeitens mittels Traumdeutungen oder freiem Assoziieren soll während einer in aller Regel langjährigen psychoanalytischen Therapie der tiefenpsychologische Grundkonflikt solch neurotischer Ängste freigelegt und beseitigt werden.

Kognitiv-behaviorale Therapien

Als kognitiv-behaviorale Therapien werden heute alle Therapiemethoden zusammengefaßt, die die früher getrennt angewandten kognitiven und verhaltenstherapeutischen Ansätze integrieren. Alle neueren Untersuchungen belegen, daß diese integriert kognitiven-behavioralen Behandlungen unschlagbare Spitzenreiter unter den verschiedenen Angsttherapien sind – die Studien belegen Erfolgsquoten bis zu 90 Prozent. In einer langjährigen grundlegenden Forschungsarbeit über die Wirksamkeit von Psychotherapien spricht der Berner Psychotherapeut Klaus Grawe daher ausdrücklich davon, daß es ein therapeutischer Kunstfehler wäre, Ängste und Angststörungen nicht integriert kognitiv-verhaltenstherapeutisch zu behandeln.

Kognitiv bezeichnet alle mentalen Vorgänge des Denkens, Wahrnehmens, Urteilens oder Fühlens. Allen kognitiven therapeutischen Ansätzen wie der Rational-Emotiven Therapie von Albert Ellis oder der Kognitiven Therapie von Aaron T. Beck liegt auch in Zusammenhang mit Angst die Prämisse zugrunde, daß Gefühle durch Gedanken beeinflußt und geformt werden: Angststörungen und depressive Erkrankungen sind demnach häufig auf tief in der Lebensgeschichte verwurzelte, irrationale Denkmuster zurückzuführen.

Vor allem der Psychotherapeut Albert Ellis hat im Rahmen seiner Rational Emotiven-Therapie (RET) zwölf dieser unbewußt gebildeten, »irrationalen Überzeugungen« formuliert und gezeigt, daß sie im Rahmen einer psychotherapeutischen Behandlung bewußt gemacht und geändert werden können. Zu diesen unbewußten, neurotischen und psychisch krankmachenden Vorstellungen zählen beispielsweise die Überzeugungen, »jederzeit perfekt, kompetent und erfolgreich sein zu müssen, um sich selbst akzeptieren zu können«, oder daß »menschliches Leid äußere Ursachen hat, und es kaum Möglichkeiten gibt, sein eigenes Schicksal zu steuern.«

Der Grundgedanke aller verhaltenstherapeutischen Techniken bei Angststörungen ist, daß Angst und Angstvermeidung erworben (konditioniert), das heißt, gelernt wurden – und daher auch wieder verlernt werden können. Im Mittelpunkt der verschiedenen Konzepte stehen daher die sogenannten Konfrontationsmethoden. Im Prinzip ist allen Vorgehensweisen dabei gemeinsam, daß sie direkt mit dem Angstreiz konfrontieren, dies relativ lange tun und damit das angstaufrechterhaltende Vermeidungsverhalten unterbinden. Die Konfrontationen mit den angstauslösenden Situationen oder Reizen finden entweder in der Vorstellung (in sensu) oder in Wirklichkeit (in vivo) statt, zudem können sie massiert (Reizüberflutung) oder langsam annähernd (graduiert) vorgenommen werden.

Diesen Vorteil von verhaltenstherapeutischen Vorgehensweisen gegenüber anderen psychotherapeutischen Methoden hat interessanterweise schon Sigmund Freud selbst eingeräumt: »Man wird kaum einer Phobie Herr«, schreibt Freud im Zusammenhang mit der Angstbehandlung, »wenn man wartet, bis sich der Kranke durch die Analyse bewegen läßt, sie aufzugeben«. Man müsse vielmehr anders vorgehen und würde nur Erfolg haben, wenn man sie durch den Einfluß der Analyse bewegen kann, sich wieder wie Phobiker des ersten Grades zu benehmen, sich also in die angstauslösende Situation zu begeben und während dieses Versuches mit der Angst zu kämpfen.

Die in den fünfziger Jahren vom Behavioristen Josef Wolpe erstmals beschriebene Technik der Systematischen Desensibilisierung gilt als das klassische verhaltenstherapeutische Konfrontationsverfahren, bei dem eine bewußte Gegenkonditionierung der angstbesetzten Reize oder Situationen hervorgerufen wird. In einem ersten Schritt lernt der Klient, sich zu entspannen; danach wird eine sogenannte Hierarchie angstauslösender Situationen aufgestellt.

Psychologen weisen dabei immer wieder darauf hin, daß die alleinige kognitive (innere) Erwartung der angstauslösenden Situation als schlimmer erfahren wird als die tatsächliche Situation – am Beispiel der Prüfungsangst ist die (Erwartungs-)Angst vor der Prüfungsangst größer als die tatsächliche Angst in der Prüfungssituation.

Das eigentliche Herzstück der systematischen Desensibilisierung bei Ängsten beginnt in der Phase, wenn der Patient in entspanntem Zustand vom Therapeuten angewiesen wird, sich den schwächsten Reiz auf seiner Angstliste so lebhaft wie möglich vorzustellen. Erlebt er dabei Aufregung und Angst, wird er vom Therapeuten aufgefordert, sich wieder auf die Entspannung zu konzentrieren. Bei der systematischen Desensibilisierung wird erst dann auf den nächstfolgenden Angstreiz eingegangen, wenn der vorherige keine Angst mehr auslöst. Nach einer Reihe von therapeutischen Sitzungen wird es dem Angstpatient schließlich möglich, sich auch die bedrohlichsten Angstsituationen vorzustellen und angstfrei zu erleben.

Diese traditionelle Form der systematischen Desensibilisierung findet also ausschließlich in sensu, das heißt nur in der Vorstellung und nicht in Wirklichkeit statt. Beim sogenannten Habituationstraining dagegen handelt es sich um eine langsam annähernde (graduierte) Konfrontation in vivo: Der Angstpatient soll lernen, daß er die angstauslösenden Situationen gezielt aufsuchen kann, ohne daß es zur gefürchteten Katastrophe oder dem Zusammenbruch kommt. So könnte ein Habituationstraining mit einem Hundephobiker so aussehen, daß der Therapeut seinen Klienten der Reihe nach alle in seiner Angsthierarchie aufgeführten auftauchenden Situationen vom kleinsten Angstgrad bis zum schwersten Grad in Wirklichkeit erleben läßt.

Die konfrontative Methode der Implosion gleicht dagegen einer »Roßkur«: Der Angstpatient muß sich in seiner Vorstellung oder einem ihm gezeigten Film mit den stärksten angstauslösenden Situationen seiner Angsthierarchie aussetzen. Beim Flooding schließlich wird der Angstpatient ebenfalls am Anfang mit den schwierigsten Situationen in Wirklichkeit konfrontiert, bis die Angst gesunken ist. Bei einem höhenängstlichen Klienten beispielsweise bestünde ein klassisches Flooding darin, ihn gleich zu Beginn der Behandlung auf die Spitze eines hohen Aussichtsturmes zu begleiten. Der Vorteil dieser konfrontativen Methode liegt in einem schnelleren Erfolg, der Nachteil besteht jedoch darin, daß einige Patienten es erst gar nicht versuchen.

Vorstellungstraining und Angst-Vorwegverarbeitung:

Bei der Angst-Vorwegverarbeitung wird der Klient vom Therapeuten dabei begleitet, sich insbesondere im Rah-

Training sozialer Kompetenz (TSK)

Unter dem Training sozialer Kompetenz – andere Bezeichnungen sind Selbstsicherheitstraining oder Training sozialer Fertigkeiten – versteht man alle Verfahren, die Fähigkeiten von Klienten zu fördern, sich in unterschiedlichsten sozialen Situationen in erwünschter Weise verhalten zu können. Vor allem bei der Behandlung sozialer Phobien und Ängste haben sich verhaltenstherapeutische Konzepte zum Selbstsicherheitstraining nachhaltig bewährt, da viele sozial ängstliche Klienten in ihrem Sozialverhalten gehemmt, unsicher oder unangepaßt sind. Prinzipiell lernen Ängstliche beim TSK in kombiniertem Vorgehen in Gruppensituationen und Einzelsitzungen wesentlich durch Probieren in Rollenspielen, Nachahmungsverhalten (Modellernen), wiederholte Verhaltensübungen und jeweilige Rückmeldungen, wie sie mit anderen Menschen oder sozial schwierigen Situationen besser und angstfreier umgehen können. Mit dem TSK werden insbesondere folgende sozialen Verhaltensbereiche bearbeitet: in der Öffentlichkeit sprechen, Kritik oder Mißerfolge akzeptieren, nein sagen lernen, Kontakt herstellen und aufrechterhalten, Gespräche selbst beginnen, Wünsche formulieren oder Forderungen aufstellen und durchsetzen. Gerade bei der Behandlung sozialer Ängste wird mit »dem sehr wirksamen TSK« (Grawe) deutlich, wie mit dem erfolgreichen Abbau belastender Ängste gleichzeitig soziale Kompetenzen entwickelt werden, die eine Stärkung und Reifung der Persönlichkeit ermöglichen: Die sozialen Ängste, Minderwertigkeits- und Unsicherheitsgefühle werden infolge der zunehmenden positiven sozialen Erfahrungen durch Selbstsicherheit und Selbstbewußtsein ersetzt.

men eines Imaginationstrainings mit seiner Angst auseinanderzusetzen, um das Vermeidungsverhalten zu verhindern und abzubauen. Psychotherapeuten wie der Marburger Psychologe Wolfgang Rost plädieren im Sinne integriert kognitiven-behavioralen Vorgehens für eine Koppelung des kognitiven Vorstellungstrainings mit einer abgestuften verhaltenstherapeutischen Reizüberflutung. Die Klienten sollen sich also bestimmte angstauslösende Situationen je nach Schweregrad vorstellen – und sich dann in die jeweilige Situation begeben und sie durchleben.

Die Situation muß allerdings bereits im Vorstellungstraining zu bewältigen sein, da sonst Klienten die reale Angstsituation nicht mehr aufsuchen. Es wird also eine abgestufte Reizüberflutung durchgeführt, bei der jeweils zwischen den einzelnen Stufen intensive Vorstellungsphasen eingebaut sind.

Der folgende Überblick verdeutlicht, wie eine integriert kognitiv-behaviorale Behandlung bei Angststörungen beispielhaft aussehen kann. Die Psychologen betonen dabei, daß der Fokus der etwa 15 bis 20 Sitzungen umfassenden Therapiedauer auf der Veränderung der mit den Angstanfällen verbundenen kognitiven und körperlichen Symptomen (Hyperventilation) liegt:

Der Psychotherapeut Steffen Fliegel beschreibt eine vergleichbare »ambulante Verhaltenstherapie schwerer Angststörungen« folgendermaßen:

Sitzung 1–3: Diagnostik und Explorationsgespräch; ggf. Verhaltenstest in der Wirklichkeit.
Sitzung 4–5: Erarbeitung der Problemanalyse.
Falls deutlich wird, daß vor allem Kognitionen und Vermeidungsverhalten die Angststörung aufrechterhalten, geht es in der Therapie wie folgt weiter:
Sitzung 5–6: Erarbeitung der Therapieziele und Besprechung des Therapieplans.

Beispielhafte Angstbehandlung

Sitzung	Informationen vermitteln	Konfrontation mit internen Auslösern (Angstanfällen)
1	Angst, Teufelskreis	
2	Komponenten der Angst, Typen von Angstanfällen, Therapieüberblick	
3	Genesemodell, Angstverlauf	
4		Hyperventilationstest, ggf. weitere Provokationsverfahren
5		
6		Fokusierung der Aufmerksamkeit
7		
8		
9	Konfrontationsrational	Hypothesen überprüfen
10		(eventuell weiter fortsetzen)
11		
12		
13		
14	Rückschläge	
15	Zukünftiges Verhalten	

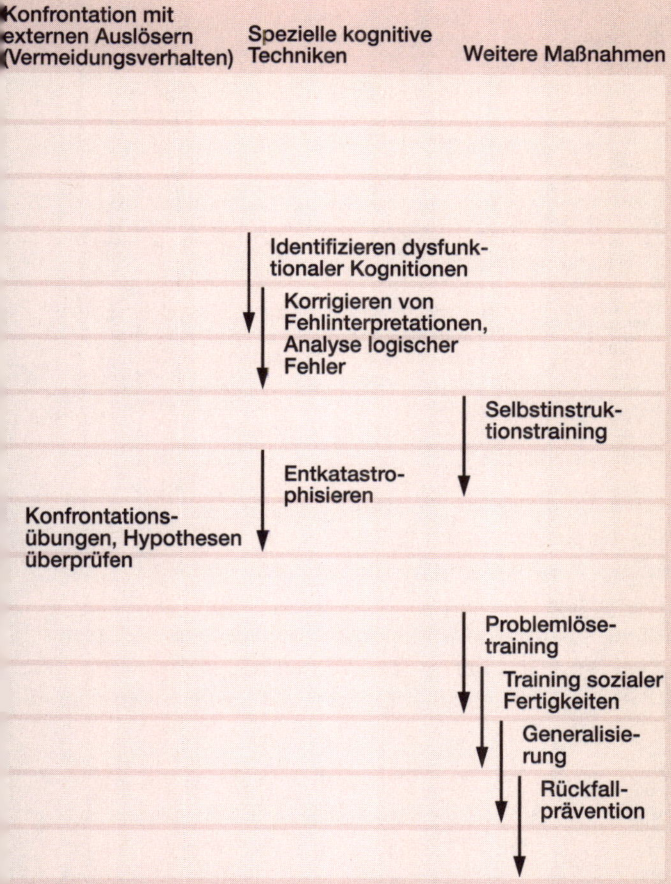

Überblick über den Ablauf eines kognitiv-verhaltenstherapeutischen Programms nach Markgraf und Schneider. Der Plan ist bis auf die ersten fünf Sitzungen flexibel handzuhaben, die Sitzungsdauer beträgt etwa 50 Minuten, bei Konfrontationsübungen auch länger; alle Sitzungen werden auf Tonband aufgenommen und dem Klienten zum nochmaligen Hören mitgegeben.

Therapieverfahren bei Angststörungen

Störung	Therapieverfahren
Paniksyndrom	kognitive Reattribution, Konfrontation mit internen Reizen
Agoraphobie	Konfrontation in vivo
Sozialphobie	Gruppentherapie (Konfrontation, kognitive Reattribution, Kompetenztraining)
Spezifische Phobie	Konfrontation in vivo
Generalisiertes Angstsyndrom	Angst-Management, Entspannungstechniken, "Grübelkonfrontation"
Posttraumatische Belastungsreaktion	Konfrontation, supportive Therapie, kognitive Neubearbeitung

Falls der Klient zustimmt, folgt:
Sitzung 7–10: Kognitive Therapie zur Veränderung der Angstgedanken.
Sitzung 11–16: Konfrontationstherapie in der Realität zur Bewältigung des Flucht- und Vermeidungsverhaltens.
ab Sitzung 17: Rückfallvorsorge und Therapie möglicher weiterer Probleme.

Fliegel verweist darauf, daß Verhaltenstherapien schwerer Angststörungen zwischen 20 und 30 Sitzungen, teilweise auch mehr Therapiestunden benötigen – wobei »Konfrontationstermine in der Regel mehrere Stunden« beanspruchen. Zusammenfassend werden die beschriebenen Angststörungen der Panik und Phobien im Rahmen der kognitiv-behavioralen Psychotherapie wesentlich mit folgenden Therapiemethoden behandelt: Die Methode eines Angst-Management-Verfahrens basiert auf einer kognitiven Informationsvermittlung über Angst und

Angstentstehung, der Aneignung von Entspannungstechniken bei erhöhtem Erregungsniveau sowie kognitiven Strategien, um angstverstärkende Gedanken zu verändern.

Kognitive Reattribuierung oder kognitive Umstrukturierung ist ein anderer Ausdruck für den in der Angsttherapie angestrebten Umbau angstförderlicher Denk- und Wahrnehmungsstrukturen (Entkatastrophieren).

Hypnose und Akupunktur

Daß Hypnose und hypnotherapeutische Behandlungen bei Angststörungen verschiedenster Art erfolgreich eingesetzt werden können, gilt als gesichert. Als besonders wirksam erweisen sich dabei verhaltenstherapeutische Techniken wie die Systematische Desensibilisierung, wenn sie unter Hypnose durchgeführt werden. Eine Erklärung liefern möglicherweise Befunde, wonach Phobiker im Vergleich zur Normalbevölkerung höhere Werte an Hypnotisierbarkeit oder Suggestibilität aufweisen.

Auf eine bisher noch kaum bekannte Möglichkeit der Angstbehandlung verweist dagegen der Münchner Psychoanalytiker und Psychotherapeut Wilhelm Schmidt-Bode: die klassische chinesische Akupunktur. Begründung: Die traditionelle chinesische Medizin geht von der Vorstellung aus, daß allen körperlichen wie psychischen Erkrankungen Störungen des energetischen (Fließ-)Gleichgewichtes zugrunde liegen. Durch die Akupunktur werden die gestörten Energiekreisläufe wieder zum Fließen gebracht und stabilisiert – womit offensichtlich auch verspannte Ängstzustände mit der Nadel behandelt werden können. Bestätigende Untersuchungen in größerem Umfang stehen allerdings noch aus.

3. Selbstbehandlung

Wer unter Ängsten leidet, sollte sich bewußt machen, daß leidverursachende, quälende Angststörungen sehr wirksam behandelt werden können. Die Stärke im Umgang mit der eigenen Angst liegt dann häufig darin, die vermeintliche Schwäche Angst zuzugeben und zuzulassen. Jeder kann selbst sehr viel dazu beitragen, mit seinen Ängsten konstruktiv umzugehen. Dies hat vor allem damit zu tun, daß man in achtsamer und bewußter Selbstbehandlung vor allem die »hausgemachte« Erwartungsangst in Form der beschriebenen Angst vor der Angst Spirale bewältigen kann.

Als grundlegende Orientierungshilfe formuliert der britische Angsttherapeut und Psychologieprofessor Andrew Mathews goldene Regeln zur Angst- und Panikbewältigung:

1. Denken Sie immer daran, daß Ihre Angstgefühle und die dabei auftretenden körperlichen Symptome nichts anderes sind als eine ›Übersteigerung‹ der normalen Körperreaktion in einer Streßsituation.
2. Solche Gefühle und Körperreaktionen sind zwar sehr unangenehm, aber weder gefährlich noch in irgendeiner Weise schädlich. Nichts Schlimmes wird geschehen!
3. Steigern Sie sich in Angstsituationen nicht selbst durch Gedanken wie: »Was wird geschehen« und »Wohin kann das führen« in noch größere Ängste hinein.
4. Konzentrieren Sie sich nur auf das, was um Sie herum und mit ihrem Körper wirklich geschieht – nicht auf das, was in Ihrer Vorstellung noch alles geschehen könnte.
5. Warten Sie ab, und geben Sie der Angst Zeit, vorüberzugehen. Bekämpfen Sie Ihre Angst nicht! Laufen Sie nicht davon! Akzeptieren Sie die Angst!

6. Beobachten Sie, wie die Angst von selbst wieder abnimmt, wenn Sie aufhören, sich in Ihren Gedanken (Angst vor der Angst) weiter hineinzusteigern.
7. Denken Sie daran, daß es beim Üben nur darauf ankommt zu lernen, mit der Angst umzugehen – nicht, sie zu vermeiden. Nur so geben Sie sich selbst eine Chance, Fortschritte zu machen.
8. Halten Sie sich innere Ziele vor Augen, welche Fortschritte Sie schon – trotz aller Schwierigkeiten – gemacht haben. Denken Sie daran, wie zufrieden Sie sein werden, wenn Sie auch dieses Mal Erfolg haben.
9. Wenn Sie sich besser fühlen, schauen Sie sich um, und planen Sie den nächsten Schritt.
10. Wenn Sie sich in der Lage fühlen, weiterzumachen, dann versuchen Sie, ruhig und gelassen in die nächste Übung zu gehen.

Die Wirksamkeit dieser Regeln als gedankliche Kontrollinstanz zur Bewältigung von Panik ist nachgewiesen, wobei Mathews ausdrücklich dazu rät, sich der zehn Regeln so bewußt zu sein und sie sich so selbstverständlich zu eigen gemacht zu haben, daß sie in der kritischen Situation jederzeit abrufbar sind.

In noch prägnanterer Weise formuliert der bekannte WHO-Angstberater Isaac Marks seine ständig gültigen Regeln:

Angst ist unangenehm, aber selten gefährlich.

Vermeiden Sie Flucht.

Fördern Sie die Begegnung mit der Angst.

Je länger Sie sich der Angst aussetzen, desto besser.

Je schneller Sie sich mit dem Schlimmsten konfrontieren, desto rascher wird ihre Angst nachlassen.

Eine weitere Möglichkeit, mit den eigenen Ängsten umzugehen, resultiert aus der Methode der sogenannten Streßimmunisierung. Die Streßimmunisierung wurde von dem kanadischen Psychologen Don Meichenbaum als Streß-Impfungs-Training (SIT) entwickelt. Wie der Begriff ausdrückt, soll der Organismus durch das SIT in die Lage versetzt werden, gegen Streß ähnlich widerstandsfähig zu reagieren wie medizinische Impfungen gegen Infektionen immun machen.

Das Streß-Impfungs-Training soll also gegen belastende Situationen und Ängste vorbereitend eingesetzt werden. So hat die jeweilige gedankliche und gefühlsmäßige Einstellung entscheidenden Einfluß darauf, ob und wie bedrohlich wir etwas wahrnehmen – wenn man Menschen beispielsweise vor einer Operation umfassend erläutert, welche Schwierigkeiten auftreten können und wie sich die Dinge weiter entwickeln, reagieren diese Patienten sehr viel unempfindlicher und weniger ängstlich auf ansonsten gleiche Schmerzen als nicht-informierte Personen.

Meichenbaum entwickelte das SIT zunächst mit Studenten, die er anwies, sobald sie im Umgang mit Schmerzen anfingen, Angst zu empfinden, die körperlichen Symptome konzentriert wahrzunehmen (Herzschlag, Schweiß in den Handflächen, angespannte Muskeln); danach wurden sie unterwiesen, wie man diese beunruhigenden physiologischen Reaktionen durch jeweilige Entspannungsverfahren kontrollieren kann. Im zweiten Schritt der Streßimmunisierung geht es dann wesentlich darum, die angsthervorrufenden oder -stabilisierenden Gedanken und Vorstellungen in den »Griff zu bekommen«, indem man sich der Gewohnheit angstauslösenden, negativen Denkens bewußt wird und stattdessen ermutigendere Formen von Selbstgesprächen findet.

Es ist im übrigen darauf hinzuweisen, daß mittlerweile von vielen Krankenkassen Vorsorgeseminare zur Streßbewältigung angeboten werden.

Eine wichtige Methode der gedanklichen Angst- und Streßimmunisierung beschreibt die Angsttherapeutin Gina Kaestele als sogenannte »Wenn-Dann-UND-Technik«. Die Psychologin betont, daß es bei dieser Methode darum geht, automatisch ablaufende Angstgedanken in eine andere Richtung zu lenken. Wie bei allen seriösen Vorgehensweisen handelt es sich auch bei dieser Strategie nicht darum, negative Gedanken zu verdrängen, sondern anzunehmen – und umzustrukturieren. Angstempfindungen sollen nicht ausgeschaltet, sondern als (Gefahren-)Signale verstanden werden, auf die man konstruktiv reagieren kann, indem man kognitive Katastrophenerwartungen entkräftet. Zum Beispiel so:

Wenn – dann	UND
Wenn ich einkaufen gehe, dann werden mir die Hände zittern,	– es merkt bestimmt keiner; – um mich abzulenken; schaue ich mir Produkte an; ich sage mir, daß es bald vorbeigehen wird.
Wenn ich zur Arbeit gehe, dann habe ich Angst, daß etwas Schreckliches passieren könnte,	– ich weiß, daß das nur ein Gedanke ist; – ich sage mir den Satz: »Vertraue, es wird schon gutgehen«; – ich kann mich durch die Vorstellung eines angenehmen Ereignisses beruhigen.
Wenn ich mich auf der Straße schwach fühle, dann habe ich Angst umzufallen,	– ich sehe zu, daß ich mich irgendwo festhalten kann; – ich denke mir: »Was ist schon dabei, anderen passiert das auch hin und wieder«; – ich nehme ein paar bewußte tiefe Atemzüge.

Auch die kognitive Selbstmethode in Form der abgebildeten »Gedankenwaage« kann zur kognitiven Angstbewältigung geeignet sein.
Sie ergänzt und balanciert das Ungleichgewicht zwischen Angst und Hilflosigkeit erzeugenden Negativannahmen durch positive, beruhigende, bekannte und vor allem angstvermeidende Vorstellungen.

Einen Überblick über die vielfältigen Möglichkeiten, Angsterlebnisse selbst bewältigen zu können, vermittelt das umfangreiche Übungsprogramm des Selbsthilfe-Rades:

Die verschiedenen Selbsthilfe-Dimensionen dieses »Anti-Angst-Rades« kann man zusammenfassend so skizzieren:

<u>»Papier- und Bleistiftübungen«:</u> Umgestaltung negativer Gedanken und Selbstannahmen durch aktives, schriftlich unterstützes Umstrukturieren
(Bsp. »Angsttagebuch«; Gedankenwaage)
<u>Sprachliche Übungen:</u> Die Sprache als Angst-Helfer, Denken und Sprechen können sich gegenseitig beeinflussen.
(Bsp.: Wenn-dann-UND-Technik)
<u>Wahrnehmungs- und Kreativitätsübungen:</u> Wahrnehmungsübungen, Schulung der Sinneswahrnehmung und der bewußte Gebrauch der Sinne können dazu beitragen, die »innere Enge« des Angsterlebens zu überwinden – Konzentration und Sensibilität hilft gegen Panik und gegen diffus-hektische Aktivität.
<u>Visualisierungsübungen:</u> Wir denken nicht nur sprachlich, sondern häufig in gefühlsintensiven Bildern. So sind bei der für das Angsterleben typischen »Katastrophenerwartung« auch immer negative innere Vorstellungsbilder mitbeteiligt, deren angsterzeugende Wirkung man ähnlich dem »positiven Denken« durch »positives Visualisieren« entgegenarbeiten kann.

Gedankenwaage

Ich kann nichts.	Ich kann handeln lernen.
Ich fürchte mich vor dem Aufzugfahren.	Ich erinnere mich an problemlos abgelaufene Aufzugfahrten zurück.
Warteschlangen an der Kasse im Supermarkt machen mir Angst.	Ich kann damit fertig werden, wenn ich mir gut zurede.
Mir bricht der Schweiß aus, wenn ich an Situation X denke.	Ich tue etwas, das mich nicht an meine Angst denken läßt.
Ich muß heute abend im Restaurant "durchhalten".	Das stimmt nicht – ich kann immer tun, was ich möchte (z.B. aufstehen und gehen).
Jeder wird meine Unsicherheit bemerken.	Andere haben auch Probleme, ich bin nicht der/die einzige.
Ich kann mich am Arbeitsplatz nicht mitteilen.	"Trau dir etwas zu!"
Ich spüre Schmerzen in der Brust.	Es wird gleich wieder vorbei sein.
Ich fürchte mich vor dem nächsten Angstanfall.	Ich kann ihn durchstehen – vielleicht wird er gar nicht so schlimm, wie ich denke.

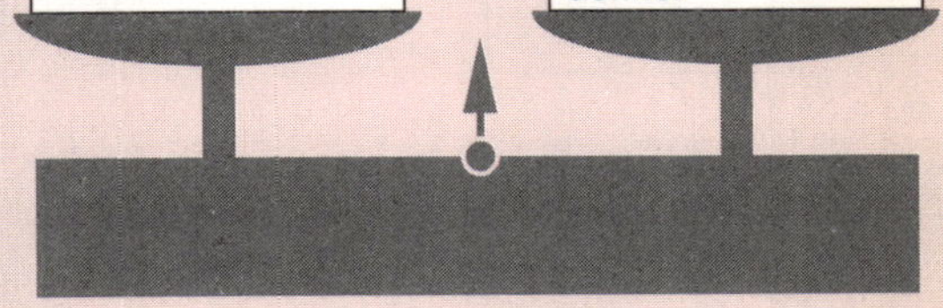

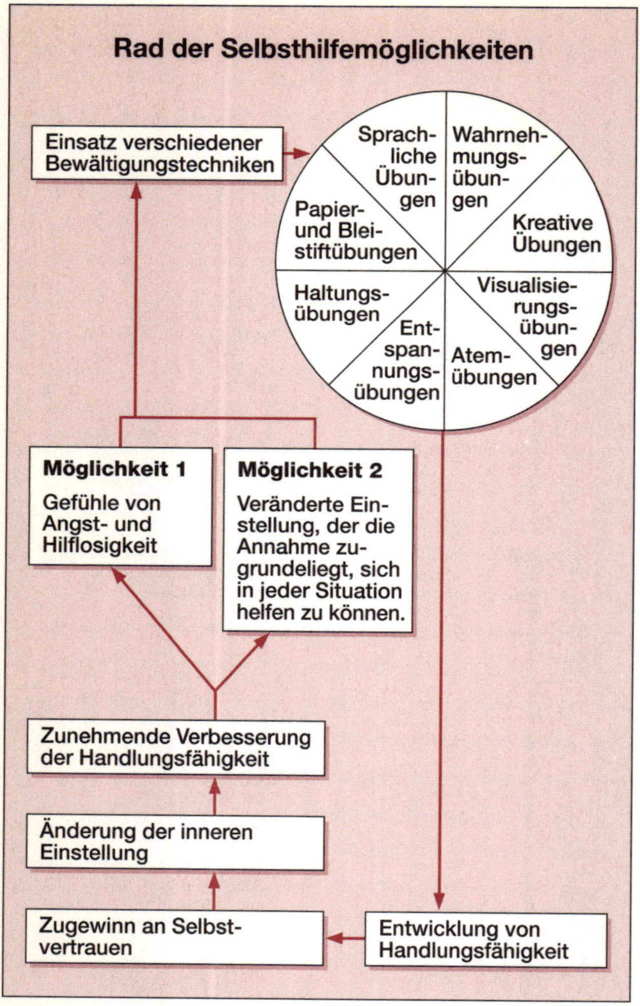

Atem- und Haltungsübungen schließlich sind allgemein den *Entspannungsverfahren* zuzuordnen.

Gerade bei der Behandlung von Angst – als Zustand hoher körperlicher wie seelischer An- und Verspannung – können sich praktisch alle Entspannungsverfahren positiv auswirken: Die körperliche Erfahrung von Angst ist per definitionem das Gegenteil eines entspannten Zustandes. Es bleibt allerdings immer eine persönliche Frage, welche der verschiedenen Entspannungstechniken und -methoden individuell am besten wirken – oder nicht angewendet werden sollten; das Spektrum jedenfalls ist sehr breit: Autogenes Training, Progressive Muskelentspannung, Yoga, Zen, Meditation, Atemtherapie, Massage oder Hypnose.

Vor dem Griff zu künstlichen Entspannungsmitteln wie Psychopharmaka und angstmindernden Drogen oder Alkohol ist dagegen nochmals zu warnen. Regelmäßige sportliche Betätigung und Bewegung dagegen zu empfehlen.

Neben sportlicher und körperlicher Betätigung können auch einfache Atemübungen entspannen und angstmildernd wirken. So ist der Atem für den erfolgreichen amerikanischen Streß- und Verhaltensmediziner Jon Kabat-Zinn der ausdrücklich beste Einstieg in die von ihm so genannte dynamische Entspannung. Das Atmen ist etwas äußerst Beruhigendes – sich auch nur für kurze Zeit darauf zu konzentrieren, also bewußt zu atmen, verleiht Stabilität und erinnert uns daran, daß unterhalb der aufgepeitschten Oberfläche unserer Gedanken und Gefühle tiefe Ruhe und Frieden herrschen.

Beispiel 1:

Eine der effektivsten atemtherapeutischen Methoden zur ganzheitlichen Entspannung vermittelt der sogenannte Body-Scan: »Wir beginnen bei den Zehen des linken Fußes und bewegen uns langsam durch das ganze Bein aufwärts. Dabei versuchen wir, alle Empfindungen wahrzunehmen, während wir den Atem unbeirrt in die einzelnen Bereiche lenken. Vom Becken aus begeben wir uns in die Zehen des rechten Fußes und wieder zurück ins

Sport gegen Streß und Angst

Da sportliche Aktivitäten in aller Regel auf Leib und Seele gleichermaßen entspannend, wohltuend und streßabbauend wirken, kann körperliche Bewegung auch ein Mittel gegen Niedergeschlagenheit und Ängstzustände sein.
Regelmäßiges Laufen (Joggen) oder intensives Gehen (Walking) beispielsweise können als reinste Körper-Psychotherapie betrachtet werden, da sie folgende gesamtorganismische Vorgänge positiv beeinflussen:

- seelisches Gleichgewicht
  (gesteigertes psychisches Wohlbefinden, Abbau depressiver und ängstlicher Zustände),
- Vitalisierung
  (beschleunigt, aktiviert den Stoffwechsel; muskuläre Verspannungen werden abgebaut; erhöhter Sauerstoffverbrauch fördert Stoffwechsel und Konzentrationsfähigkeit),
- Selbstgefühl (schon 10 Minuten tägliches Training führten zu einer deutlich spürbaren Zunahme des Selbstwertes).

Der bekannte Psychotherapeut Reinhard Tausch (»Gespräche gegen die Angst«) plädierte in einem Interview mit »Psychologie Heute« im übrigen ausdrücklich dafür, Entspannungsmethoden oder Joggen in etablierte psychotherapeutische Verfahren wie die Gesprächstherapie zu integrieren.

Becken, dann weiter aufwärts durch den Rumpf, die Lenden, den Bauch, Kreuz, Brust bis in die Schultern.

Als nächstes atmen wir in die Finger beider Hände hinein. Dann bewegen wir uns durch beide Arme gleichzeitig aufwärts in die Schultern, von dort weiter in den Hals, das Gesicht, den Hinterkopf und den Scheitel, wo wir wie ein Wal durch ein imaginäres Loch aus- und einatmen. Wir lassen den Atem im wahrsten Sinn des Wortes vom Scheitel bis zur Sohle durch uns hindurchfließen, als würde er durch die Öffnung am Scheitel in uns einströmen und durch die Zehen wieder austreten«.

Beispiel 2:
Eine weitere, ebenso einfache wie erwiesenermaßen hilfreiche Entspannungsübung stammt von dem Harvard-Mediziner Herbert Benson – die »Focal Point-Technik« oder »Entspannungs-Reaktion«:

1. Wählen Sie einen ungestörten Ort, und legen oder setzen Sie sich bequem hin.
2. Schließen Sie die Augen und wählen Sie ein bestimmtes Wort, auf das Sie sich konzentrieren wollen; am häufigsten werden einfache Worte mit positivem Inhalt gewählt wie »Ruhe«, »Frieden«, »Liebe« oder ähnliches. Auch kurze Sätze wie »Ich bin ruhig und entspannt« sind geeignet.
   Menschen, die eher visuell veranlagt sind, können sich auch eine bildliche Vorstellung ausmalen, die dem Wort als Hintergrund dient; dies können Bilder aus der Natur wie ein ruhiger See oder eine im Frühling erblühende Blumenwiese sein.
3. Wiederholen Sie Ihr Wort oder den kurzen Satz nun bei jedem Ausatmen – seien Sie dabei passiv. Das ist das Wichtigste bei dieser Methode. Machen Sie sich keine Sorgen, wie gut Sie die Technik »beherrschen«, sondern warten Sie einfach ab und schauen, was mit Ihnen geschieht. Natürlich werden Ihre Gedanken gelegentlich abschweifen – das ist ganz normal: Lassen Sie die Gedanken einfach kommen, während Sie wieder auf ihren Atem und Ihr Wort achten, das Sie bei jedem Ausatmen wiederholen.

Haustiere gegen Ängste

Was auf den ersten Blick etwas sonderbar erscheinen mag, wird bei genauerem Hinsehen durchaus sinnvoll: Tiere können therapeutisch gegen Ängste wirken. So machen neben Allgemeinmedizinern immer häufiger Psychologen, Psychotherapeuten und Psychiater die Erfahrung, wie positiv Patienten auf den Umgang mit Tieren reagieren können – daß beispielsweise aggressive wie ängstliche Kinder durch ihre Lieblingstiere viel Streß und Kummer abbauen können, ist geplagten Eltern ohnehin eine ebenso willkommene wie bekannte Erfahrung.

Nach einer Untersuchung der Universität Bonn erklärten Tierfreunde, durch ihre Hausgenossen wichtige Unterstützung in schwierigen Lebenssituationen erfahren zu haben und gut durch kleine und große Krisen gekommen zu sein – während die Vergleichsgruppe in solchen Fällen eher depressiv und ängstlich reagierte oder zu Medikamenten griff.

Warum das so ist, wissen die Wissenschaftler zwar nicht so genau, man vermutet allerdings, daß die Mensch-Tier-Kommunikation sehr viel unkomplizierter sein kann als die oft sehr schwierige und komplexe menschliche Interaktion. Hinzu kommt, daß Haustiere »vorurteilsfrei, akzeptierend und aufmerksam sind, darüber hinaus weder widersprechen noch kritisieren oder Anweisungen geben«, wie es der amerikanische Verhaltensforscher Boris Levenson beschreibt.

Neuere Publikationen zum Thema – etwa ein Übersichtsartikel des amerikanischen Nachrichtenmagazins News & World Report oder das Buch »Tiere als Therapie« von Sylvia Greiffenhagens – zeigen jedenfalls, daß in über 20 verschiedenen Untersuchungen zum Thema durchgängig nur positive Effekte ermittelt wurden: So tragen Tiere in Haftanstalten dazu bei, Aggressivität und Ängstlichkeit der Insassen abzubauen; in Altersheimen waren diejenigen Patienten, die Umgang mit Hunden oder Katzen hatten, nicht nur aufmerksamer und fröhlicher, sondern konzentrierter, weniger ängstlich und aggressiv als andere Heimbewohner. Aber Tiere haben nicht nur auf die psychische Gesundheit einen positiven Einfluß, sondern auch auf die körperliche: Ältere Menschen mit Haustieren sind gesünder und brauchen weniger ärztliche Hilfe als ihre tierlosen Altersgenossen.

4. Üben Sie etwa zehn bis zwanzig Minuten lang. Üben Sie regelmäßig (nach Peurifoy 1993).

4. Selbsthilfegruppen

Selbsthilfegruppen können bei sehr vielen Erkrankungen wirksam sein – dies gilt auch im Falle von Ängststörungen. Sie bestehen aus Betroffenen mit ähnlichen Problemen und Schwierigkeiten; in diesen Laiengruppen können die Mitglieder Erfahrungen und Ratschläge austauschen und sich gegenseitig unterstützen.

Bei Angststörungen ist insbesondere auf die Emotions Anonymous (EA) hinzuweisen. Die EA sind eine nach dem Vorbild der Anonymen Alkoholiker gegründete Gemeinschaft, die ihre emotionalen Probleme – Ängste, Depressionen oder Zwänge – gemeinschaftlich in (Klein-) Gruppen und sogenannten Meetings lösen wollen. Wie in allen Selbsthilfe-Gruppen ist jeder willkommen, EA-Gruppen ersetzen allerdings keine medizinische oder psychotherapeutische Behandlung.

VI. Dasein zwischen Todesfurcht und Lebensfreude

Die biologische Funktion der Angst besteht darin, den Organismus durch erhöhte Alarmbereitschaft auf eine Kampf- oder Fluchtreaktion vorzubereiten, um ihn vor Bedrohungen zu schützen. Jede menschliche Angstreaktion manifestiert sich dabei auf mehreren Erlebnisebenen mit jeweils deutlich unterscheidbaren Komponenten – körperlich (wie stärkeres Schwitzen, Puls, Herz), gedanklich-kognitiv (Erwartungen, Gedanken, Vorstellungen) und verhaltensbezogen (Vermeiden, Fliehen, Angreifen). Alle drei Ebenen hängen zusammen und beeinflussen sich gegenseitig.

Wie andere Lebewesen auch benötigt der Mensch daher das Erleben von Angst als Antriebskraft – eine Art Lebensmotor. Angst mahnt oder zwingt zu Vorsicht, Aufmerksamkeit und Konzentration. Das Erleben von Angst kann daher nicht auf Angststörungen reduziert werden, weil Angst eine fundamentale, angeborene menschliche Empfindung verkörpert. Angst ist ein Teil der menschlichen Existenz und der Evolution des Menschen. Und das heißt auch: Man darf das Erleben von Angst nicht mit Angststörungen verwechseln. Angst gehört mit unserer Geburt zum Leben – Angststörungen dagegen nicht. Und gegen Angst kann und muß man letztlich auch nichts tun – gegen Angststörungen schon.

Angst im Leben und Lebensfreude sind daher untrennbar verknüpft. Max Frisch beschrieb es so: »Es gibt kein Leben ohne Angst vor dem andern; schon weil es ohne diese Angst, die unsere Tiefe ist, kein Leben gibt; erst aus dem Nichtsein, das wir ahnen, begreifen wir für Augenblicke, daß wir leben. Man freut sich seiner Muskeln, man freut sich, daß man gehen kann, man freut sich des Lichtes, das sich in unserm dunklen Auge spiegelt, man freut sich seiner Haut und Nerven, die uns so vieles spüren lassen, man freut sich und weiß mit jedem Atemzug, daß alles, was ist, eine Gnade ist. Ohne dieses spiegelnde Wachbewußtsein, das nur aus Angst möglich ist, wären wir verloren; wir wären nie gewesen.«

Der Mensch hat Bewußtsein, daher weiß er in seiner Freiheit gleichzeitig um seinen Tod und seine Endlichkeit – ohne zu wissen, wohin die oft vom Gefährlichen, Ungewissen, Unheimlichen bedrohte Lebensreise führen wird. Katastrophen jeder Form gehören offensichtlich zum Dasein. Und ähnlich wie der Schlaf ohne Wachsein sinnlos wäre, scheint die Sonne der menschlichen Freiheit so gesehen nicht ohne den dazugehörigen Schatten der Angst strahlen zu können.

Mit dieser weit über die unmittelbare Verhaltensebene hinausweisenden Dimension menschlicher Grundängste befaßte sich der Psychoanalytiker Fritz Riemann in einer berühmt gewordenen Studie (»Grundformen der Angst«). Fazit: Die Geschichte der Menschheit läßt immer neue kulturelle Versuche erkennen – von der Magie und Religion bis zur modernen Wissenschaft –, Angst zu bewältigen oder zu vermindern. Dabei heben Geborgenheit in Gott, hingebende Liebe, Erforschung der Naturgesetze oder weltentsagende Askese und philosophische Erkenntnisse die Angst niemals auf, können aber helfen, sie zu ertragen – und vor allem: für unsere Entwicklung fruchtbar zu machen. Es bleibe nämlich eine Illusion zu glauben, ein Leben ohne Angst leben zu können; sie gehört zu unserer Existenz und ist eine Spiegelung unserer Abhängigkeiten und des Wissens um die Sterblichkeit. Das Erleben von Angst führt allerdings zur Entwicklung der »Gegenkräfte«: Mut, Vertrauen, Erkenntnis, Hoffnung, Demut, Glaube und Liebe.

Angst als umfassendes Lebensphänomen ist für den Menschen als evolutionäres Geschöpf einerseits ebenso natürlich, wie sie für ihn als Sozialwesen immer schon kulturelle und kollektive Dimensionen hatte. »Jahrzehnt der Angst«, »Zeitalter der Angst« sind Schlagworte, die nicht ganz zufällig unsere Epoche bestimmen – »No future?« Die Lebens- und Zukunftsängste nicht nur der jüngeren Generation angesichts von Umweltzerstörung, Übervölkerung und Sinnverlust sind für den bekannten Publizisten und Psychoanalytiker Horst-Eberhard Richter Ausdruck einer realitätsangemessenen Weltangst. Dies ist eine Angst vor der Welt, die auch aus dem Wissen entspringt, die katastrophalen Gefahren aus einem maßlosen, kollektiven Egoismus heraus selbst produziert zu haben – eine Angst, die wir alle aber auch mehr oder weniger kollektiv verdrängen. Umweltpsychologen fordern daher gerade angesichts der ökologischen Bedrohung ausdrücklich die Pflicht und den Mut zur Angst: Wir müssen lernen, mit dieser Weltangst zu leben – und sie in konstruktiven Handlungen zu bewältigen.

Ein Verdrängen von Angst ist weder unter psychologischen (Angststörung) noch existentiell-individuellen und kollektiven Vorzeichen sinnvoll. So versucht auch Richter darauf hinzuweisen, daß alles, was immer wir als Einzelne oder als Gesellschaft auch tun, mit Angst zusammenhängt: mit Ausleben, bewußtem Vermeiden, unbewußtem Verdrängen, mit Projektion, Überkompensation oder verarbeitender Überwindung von Angst. Um unser Verhalten im Alltag, in der Familie, in Gruppen und Institutionen genauer zu verstehen, müssen wir also überall mit unserer Angst rechnen, mit unserer Angst vor Isolation, vor Versagen, vor Verletzung, vor Strafe, vor unserem Gewissen und vor dem Tod: Je hartnäckiger Angst verleugnet werde, um so eher bahne sie sich mit Hilfe undurchschaubarer Mechanismen schädliche Wege.

Was der Tiefenpsychologe Richter in Bezug auf unsere Unaufrichtigkeit im Umgang mit der Angst sagen möchte, hat der französische Philosoph Jean-Paul Sartre prägnanter so formuliert: »Mit der Wahrheit zu leben, heißt, die Angst zu bejahen. Und dieser Bejahung könnten wir den Namen Aufrichtigkeit geben.« Vor der Angst können wir bei allen Leugnungen und Vermeidungsversuchen letztlich nie fliehen – als erwähnter Schatten der Freiheit ist sie immer mit im Spiel: Angst gehört zu Freiheit und zum aufrechten Gang des Menschen wie die Nacht zum Tag.

VII. Anhang

Adressen

Allgemeine Auskünfte erteilen alle Gesundheitsämter oder Krankenkassen.

Psychotherapeutische Behandlung

Adressen von anerkannten Therapeuten und Informationen über die psychotherapeutische Behandlung bei Angststörungen erhält man bei:

Berufsverband Deutscher Psychologen (BDP)
Bundesgeschäftsstelle
Heilsbachstraße 22
53123 Bonn
Telefon: 02 28 / 64 07 26

Deutsche Gesellschaft für Verhaltenstherapie (DGVT)
Postfach 1343
72003 Tübingen
Telefon: 0 70 71 / 41 211

Deutscher Psychosozialer Suchdienst
für psychosoziale Dienstleistungen
Riegelpfad 44
35392 Gießen
Telefon: 06 41 / 79 22 44

Christoph-Dornier-Stiftung
Tibusstraße
48153 Münster
Telefon: 02 51 / 4 81 00

Selbsthilfegruppen

In den Großstädten haben sich in den letzten Jahren folgende Selbsthilfeorganisationen gegen Angst gegründet:

Selbsthilfe Agoraphobie
»Straßen- und Platzangst«
Albrecht Achilles-Straße 65
10709 Berlin
Telefon: 0 30 / 8 91 60 85

Agoraphobie Selbsthilfegruppe
Kontakt- und Informationsstelle
Carl-Mosterts-Platz 4
40477 Düsseldorf
Telefon: 02 11 / 48 23 62

Selbsthilfegruppe Ängste und Phobien
Uhlandstraße 50
60314 Frankfurt
Telefon: 0 69 / 44 50 67

Selbsthilfegruppe Agoraphobie
Fuhlsbütteler Straße 401
22309 Hamburg
Telefon 0 40 / 6 31 11 10

MASH – Münchner Angst-Selbsthilfe
Selbsthilfezentrum
Bayerstraße 77a
80335 München
Telefon 0 89 / 5 32 95 60

Allgemeine Auskünfte und Adressen regionaler Selbsthilfegruppen sind über diese Zentralstellen der Selbsthilfegruppen erhältlich:

SEKIS
Selbsthilfe Kontakt- und Informationsstelle
Albrecht Achilles-Straße 65
10709 Berlin
Telefon: 030 / 892 66 02 oder:

NAKOS –
Nationale Kontakt- und Informationsstelle
für Selbsthilfegruppen
Carl-Mosterts-Platz 4
40477 Düsseldorf
Telefon: 0211 / 48 23 62

Emotions Anonymous (EA)

Allgemeine Informationen über die zentrale Kontaktstelle der EA:

Emotions Anonymous (EA)
Katzbachstraße 33
10965 Berlin
Telefon: 030 / 786 79 84 oder:

Emotions Anonymous (EA)
Hohenheimer Straße 75
70184 Stuttgart
Telefon: 0711 / 24 35 33

Gesellschaft gegen psychosozialen Streß und Mobbing e.V.
Grüne Straße 14
33175 Bad Lippspringe
Telefon: 05252 / 52 206

Weiterführende Literatur

Apter, Michael: Im Rausch der Gefahr. Warum immer mehr Menschen den Nervenkitzel suchen. München 1994.

Breton, Sue: Angst als Krankheit. Angstanfälle, Panikattacken, Platzangst. Stuttgart 1991.

Dörner, Klaus; Ploog, Ursula: Irren ist menschlich. Lehrbuch der Psychiatrie/Psychotherapie. Loccum 1983[3].

Emmelkamp, Paul u. a.: Angst, Phobien und Zwang. Diagnostik und Behandlung. Göttingen, Stuttgart 1993.

Fliegel, Steffen: Stichwort Verhaltenstherapie. München 1994.

Flöttmann, Holger-Bertram: Angst. Ursprung und Überwindung. Stuttgart, Berlin, Köln 1993[3].

Hoefert, Hans-Wolfgang u. a. (Hrsg.): Angst, Panik, Depression. Ursachen und Behandlungskonzepte aus psychologischer und medizinischer Sicht. München 1993.

Huber, Winfried: Probleme, Ängste, Depressionen. Beratung und Therapie bei psychischen Störungen. Bern, Göttingen 1992.

Kabza, Helga; Meyendorf, Rudolf: Depressionen und Angst. Behandlung – Medikamente – Selbsthilfe. Baierbrunn 1993.

Kaestele, Gina: Umarme Deine Angst. Neun Helfer bei Hilflosigkeit und Angst – das praktische Selbsthilfeprogramm. Freiburg, Basel, Wien 1993.

Kielholz, Paul; Adams, Carlo (Hrsg.): Die Vielfalt von Angstzuständen. Köln 1989.

Lückert, Heinz-Rolf: Angst und Panik. Ursachen, Symptome, Therapie. Niedernhausen 1993.

Jaspers, Karl: Allgemeine Psychopathologie. Heidelberg 1973.

Markgraf, Jürgen: Mini-DIPS. Diagnostisches Kurz-Interview bei Störungen. Berlin, Heidelberg, New York 1994.

ders.: Panische Angst: Überfälle aus dem Nichts. Psychologie Heute 1989[11].

ders.: Schneider, Sylvia: Panik. Angstanfälle und ihre Behandlung. Berlin, Heidelberg, New York 1990[2].
Marks, Isaac: Ängste – Verstehen und bewältigen. Berlin, Heidelberg 1993.
Mathews, Andrew u. a.: Platzangst. Ein Übungsprogramm für Betroffene und Angehörige. Freiburg, Basel 1994.
Meermann, Rolf: Angst – Orientierungshilfen für die Praxis. Münster 1988.
Meichenbaum, Donald: Intervention bei Streß. Anwendung und Wirkung des Streßimpfungstrainings. Bern, Stuttgart 1991.
Peurifoy, Reneau: Angst, Panik und Phobien. Ein Selbsthilfe-Programm. Bern, Göttingen, Toronto 1993.
Reinecker, Hans: Phobien. Agoraphobien, soziale und spezifische Phobien. Göttingen, 1993.
ders.: Zwänge. Diagnose, Theorien und Behandlung. Bern, Göttingen, Toronto 1991.
Richter, Horst-Eberhard: Umgang mit Angst. Düsseldorf 1994.
Rief, Winfried; Kohlid, Guljit: Die Angstattacke. In: *Hoefert, Hans-Wolfgang u. a. (Hrsg.):* Angst, Panik, Depression. Ursachen und Behandlungskonzepte aus psychologischer und medizinischer Sicht. München 1993, S. 116ff.
Riemann, Fritz: Grundformen der Angst. Eine tiefenpsychologische Studie. München, Basel 1990.
Rost, Wolfgang: Emotionen. Elixiere des Lebens. Heidelberg, Berlin 1990.
Schwarzer, Ralf: Streß, Angst und Handlungsregulation. Stuttgart, Berlin, Köln 1993[3].
Semler, Gerd: Die Lust an der Angst. Warum Menschen sich freiwillig extremen Risiken aussetzen. München 1994.
Sörensen, Maren: Einführung in die Angstpsychologie. Ein Überblick für Psychologen, Pädagogen, Soziologen und Mediziner. Weinheim 1992.
Wolf, Doris: Ängste verstehen und überwinden. Gezielte Strategien für ein Leben ohne Angst. Mannheim 1990.

Stichwortregister

Verzeichnis der Grafiken und Tabellen